Frag doch mal ... die Maus!

Dr. Bernd Flessner

FRAG doch mal... Das große Mauswissen

Mit Illustrationen von
Eva Spanjardt

Verlagsgruppe Random House FSC® N001967

1. Auflage 2016
© 2016 cbj Kinder- und Jugendbuchverlag
in der Verlagsgruppe Random House GmbH
Neumarkter Str. 28, 81673 München
© I. Schmitt-Menzel
WDR mediagroup GmbH, Die Sendung mit der Maus® WDR
Alle Rechte vorbehalten
Innenillustrationen: Eva Spanjardt
Lektorat: Martina Kuscheck
Umschlagkonzeption: fruehling advertising Group GmbH,
München
jk · Herstellung: AJ
Satz: Meike Sellier, Eching
Reproduktion: Reproline Mediateam, München
Druck: Mohn Media GmbH, Gütersloh
ISBN 978-3-570-17362-6
Printed in Germany

www.cbj-verlag.de

Inhalt

Alltägliches und Nicht-so Alltägliches

Faszinierend: dein Körper

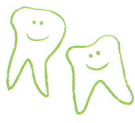

Einfach tierisch!

Zu Lande, zu Wasser und in der Luft

Damals, vor unendlich langer Zeit ...

Wunder der Technik

Alltägliches

und

Nicht-so-Alltägliches

Die meistgestellten Fragen
zu krummen Bananen
und löchrigem Käse

Warum ist die Banane krumm?

Eine Banane sieht merkwürdig aus, so gebogen. Anders als Gurken oder Zucchini oder Spargel wächst sie nicht gerade, sondern gekrümmt. Dafür muss es doch einen Grund geben. Aber welchen?

Die Antwort auf diese schwierige Frage gibt uns die Pflanze selbst: So eine echte **Bananenstaude** fand man früher nur in den Tropen. Bei uns gibt es die Frucht seit ungefähr 100 Jahren. Wenn du nicht in die Tropen fahren kannst, dann gehst du am besten in einen botanischen Garten.

Sind die Blüten verblüht, beginnen die kleinen Bananen zu wachsen. Die sind zuerst noch ganz gerade und wachsen seitlich aus dem Stängel heraus. Doch wenn das große Blatt der Knospe über ihnen vertrocknet und abfällt, dann beginnen sie ihre Form zu verändern.

Dort kannst du dir eine Bananenstaude ganz genau ansehen:

Sie wird etwa drei bis fünf Meter hoch. Damit hat sie schon eine ganz ordentliche Größe. Ihr Stamm besteht nicht aus Holz, wie bei einem Baum, sondern aus aufgerollten, verhärteten Blättern. Nach acht bis neun Monaten ist die Staude ausgewachsen, und es bildet sich eine riesige violette **Knospe,** die aus rund 200 einzelnen gelblichen Blüten besteht. Zunächst wächst diese Knospe nach oben. Mit der Zeit wird sie jedoch immer schwerer. Dann neigt sie sich langsam und wächst nach unten.

Und jetzt wird es spannend: Woher wissen die Pflanzen denn, wohin sie wachsen müssen?

Ganz einfach: Pflanzen haben Sinnesorgane für die Schwerkraft. Diese Sinnesorgane können weder sehen noch hören noch schmecken, so wie unsere Augen, Ohren und unsere Zunge. Dafür spüren sie

eben die Schwerkraft. Das ist die Kraft, die allen Dingen auf der Erde ihr Gewicht verleiht. Sie sorgt dafür, dass wir nicht schweben, sondern fest auf dem Boden stehen. Die Bananenpflanze weiß also dank ihrer Sinnesorgane ganz genau, wo unten und wo oben ist. Sie kümmern sich darum, dass die Wurzel nach unten in den Boden wächst und der Stamm oder der Stängel und die Blätter nach oben zum Licht. Sonst würden Bäume oder Grashalme nicht so gerade wachsen. Das Wachstum einer Pflanze richtet sich also nach der Schwerkraft. Die oberirdischen Teile wachsen nach oben, die unterirdischen nach unten.

Weil Bananen zunächst entgegen der Schwerkraft wachsen, also nach unten, krümmen sie sich nach oben zum Licht. Dabei müssen sie ihre Wuchsrichtung ändern und auch noch um die über ihnen hängenden Bananen herumwachsen.

Würden sie weiterhin einfach gerade aus dem Stängel herauswachsen, dann bekämen die unteren Früchte ja gar kein Licht ab und könnten deshalb auch nicht reifen.

Drei bis sechs Monate nach der Ausbildung der Blüten können die Bananen geerntet werden. Eine Knospe besteht aus bis zu 14 Bananenbüscheln, die **„Hände"** genannt werden. Eine Hand hat etwa 20 Bananen. Die einzelnen Früchte wiederum werden **„Finger"** genannt.

Bei der Ernte sind die Bananen noch ganz unreif und grün. Sie reifen während der Fahrt mit dem Schiff und kommen bei uns als gelbe Bananen an, so wie wir sie auch kennen.

Bananenstaude

Wie kommen die Farben in die Murmeln?

Ganz egal ob in Vietnam, Brasilien, Südafrika oder Deutschland – überall auf der Welt spielen Kinder mit Murmeln. Besonders beliebt sind dabei immer die farbigen Glasmurmeln. Sie sehen nicht so langweilig aus wie durchsichtige Murmeln, findest du nicht auch?

Murmeln sind nicht nur auf der ganzen Welt bekannt, sondern auch ein sehr altes Spielzeug. Schon vor rund 4000 Jahren haben Kinder in Ägypten mit Murmeln aus Ton gespielt. Römische Kinder liebten vor rund 2000 Jahren Murmeln aus Marmor und Glas. Sie waren nicht ganz so kugelrund wie die heutigen Murmeln, rollten und kullerten aber auch ganz gut.

Und weil Marmor verschiedene Farben enthält, sind auch diese Murmeln bunt.

Aber seit wann sind Murmeln denn nun aus Glas?

Im Jahr 1846 überlegte der Glasmacher Elias Greiner in seiner Glashütte in Lauscha in Thüringen, wie er Augen aus Glas für Stofftiere herstellen könnte.

Auch ihren Namen verdanken die Murmeln dem Marmor, denn früher hießen sie „Marmeln".

Vor 500 Jahren wurden Murmeln dann auch in Deutschland immer beliebter. An vielen Bächen wurden daher sogenannte **Kugelmühlen** gebaut, die Marmormurmeln „gemahlen" haben. Und das ging so: Zunächst wurden kleinere Marmorwürfel aus großen Steinen herausgeschlagen. Zwischen einem Mühlstein und einer Holzscheibe wurden die Marmorwürfel anschließend zu Murmeln geschliffen.

Er erfand eine Schere, mit der heißes Glas zu Kugeln geformt und geschnitten werden konnte. Diese Schere nannte man **„Märbelschere".** So konnte Greiner Glasaugen herstellen, aber auch Murmeln. Schon einige Jahre später verkaufte er seine farbigen Murmeln in die ganze Welt. Andere Glashütten in Thüringen folgten diesem Beispiel.

Auch heute werden in Thüringen noch Glasmurmeln hergestellt. Dazu benutzt man allerdings keine Märbelscheren mehr, sondern verwendet moderne Geräte. Obwohl es Maschinen gibt, die Murmeln vollautomatisch herstellen, werden noch immer einige Murmeln von Hand gemacht. Wie das geht?

Zunächst braucht man das Glas. Dazu werden verschiedene Mineralien, also Rohstoffe aus dem Boden, miteinander vermischt. Die wichtigsten sind **Soda, Kalk, Quarzsand und Pottasche.** In einem besonderen Ofen werden sie bei 1450 Grad Celsius zu Glas geschmolzen. Die glühende und zähe Masse ist durchsichtig, sobald sie abkühlt. Um sie zu färben, benötigt man kleine bunte Glasstücke. Sie werden im Ofen erhitzt und mit besonderen Werkzeugen in die Glasmasse gegeben.

Das farbige Glas wird dann vom durchsichtigen eingeschlossen. Dabei verlaufen die Farben allerdings nicht, wie Malfarben es tun würden.

Die zähe Glasmasse mit dem eingeschlossenen farbigen Glas wird nun auf einer **Ziehbahn** so lange in die Länge gezogen, bis ein Glasstrang von zwei oder drei Zentimetern Durchmesser entsteht. Der Glasstrang kühlt ab und wird in mehrere Stücke zerbrochen. Diese Stücke, die aussehen wie gläserne Spazierstöcke, werden nun über einer Gasflamme erhitzt und in kleinen Tropfen abgeschnitten. Mithilfe von Kugelformen und Zangen formt ein Glasarbeiter nun die Murmel, die durchzogen ist von dem farbigen, eingeschlossenen Glas.

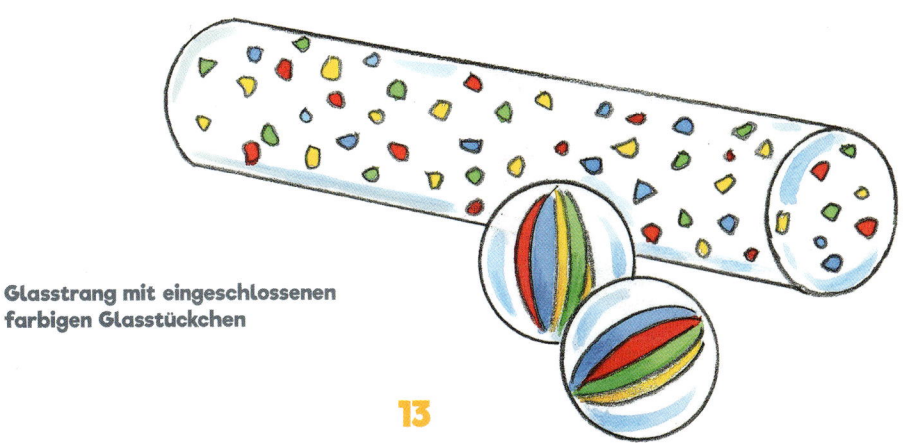

Glasstrang mit eingeschlossenen farbigen Glasstückchen

Wer hat das Klopapier erfunden?

Wenn man aufs Klo geht und zu spät merkt, dass kein Klopapier mehr da ist, ärgert man sich. Erst jetzt merkt man, dass es ohne ein paar Blätter weiches Papier eigentlich gar nicht geht. Heute benutzen wir Klopapier jeden Tag. Aber war das schon immer so?

Vor der Erfindung des Papiers mussten die Menschen auch schon aufs Klo. Um sich zu säubern, benutzten sie die unterschiedlichsten Dinge: zum Beispiel Blätter von Pflanzen, Wolle, Stroh, Muscheln, Holzspäne, Obstschalen, Sand, Steine und Lumpen.

Auch heute gibt es nicht überall auf der Welt Klopapier, sodass die Menschen dort erfinderisch sein müssen.

so weit. In China kamen Menschen auf die Idee, auf der Toilette Papier zu benutzen. Das Klopapier war erfunden! Bald wurden pro Jahr viele Millionen Blatt Klopapier in China hergestellt. Die **Familie des Kaisers** verwendete besonders weiches und parfümiertes Papier.

In den USA und Europa benutzte man lange Zeit Altpapier, zum Beispiel Zeitungen, die in kleine Stücke geschnitten wurden.

Damit man Papier benutzen konnte, musste es erst einmal erfunden werden.

Das passierte in **China** vor ungefähr 2200 Jahren. Allerdings war dieses erste Papier noch sehr wertvoll und wurde nur als Schreibpapier oder Zeichenpapier verwendet. Aber im Laufe der Zeit wurde Papier immer billiger und man stellte es in großen Mengen her. Vor ungefähr 1500 Jahren war es dann

Das erste echte Klopapier stellte ein gewisser **Joseph Gayetty** ab 1857 in seiner Firma her. In Deutschland gründete **Hans Klenk** in der Stadt Ludwigsburg eine Fabrik, in der 1928 zum ersten Mal Klopapier hergestellt wurde. Es war raues Krepppapier. Auch wurde es nicht auf Rollen verkauft, sondern als einzelne Blätter in einer Schachtel.

Warum heißt das Spiegelei „Spiegelei"?

Eine Wurst, die in der Pfanne gebraten wird, heißt Bratwurst. Es gibt Bratkartoffeln, Bratheringe und Bratlinge aus Getreide und Gemüse. Brät man aber ein Ei in der Pfanne, heißt es nicht etwa Bratei. Müsste es aber eigentlich. Oder doch nicht?

Ein Spiegelei ist eine feine Sache. Es ist in wenigen Minuten zubereitet und kann zum Frühstück, mittags und abends gegessen werden.

Minuten **Bratzeit** reichen für ein gutes Spiegelei, in dessen Dotter man sich tatsächlich spiegeln kann. Und daher heißt es Spiegelei.

Wann es erfunden wurde, weiß niemand so genau.

Denn bevor es Bratpfannen gab, konnte man das Ei auf einem heißen Stein braten. Und das ging auch schon vor vielen Tausend Jahren.

Ein richtiges Spiegelei hat einen weichen, innen noch flüssigen **Dotter,** so nennt man das Eigelb. Ist der Dotter hart oder wurde das Ei gewendet, ist es eigentlich kein Spiegelei mehr, da der Dotter nicht mehr **glänzt und spiegelt.** Bei einem richtigen Spiegelei wird nämlich nur das **Eiweiß** gebraten, während der Dotter zwar warm wird, aber nicht fest. Der Koch muss auch darauf achten, dass die Pfanne nicht zu heiß ist und das Eiweiß an den Rändern keine braune Kruste bekommt. Zwei bis drei

Damit es noch ein bisschen besser schmeckt, kann man das Spiegelei mit Salz und Pfeffer oder anderen Gewürzen bestreuen.

Viele Länder haben ihre ganz eigenen und besonderen Spiegelei-**Rezepte,** und es lohnt sich, die einmal auszuprobieren.

Wie kommen die Löcher in den Käse?

Viele Käsesorten haben Löcher. Besonders große findet man im Emmentaler. Könnten Mäuse sie hineingefressen haben? Hm, vielleicht. Aber warum sind die Löcher dann nur im Käseinneren zu sehen und nicht auch in der Rinde? Die Maus kann sich aus dem Käse doch nicht „herausgefressen" haben. Es muss also eine andere Erklärung geben.

Um einen Käse wie den Emmentaler herzustellen, braucht man frische **Kuhmilch** und Stoffe, die diese Milch verfestigen und für den kräftigen Geschmack sorgen. Die verwendete Milch ist beim Emmentaler Rohmilch, also Milch, die nicht erhitzt oder besonders sorgfältig gefiltert wurde.

Sie sieht aus wie ein riesiger Eierschneider und hat bis zu 20 lange Drähte.

Nach dem Zerschneiden werden die Stückchen – die nennt man Käsebruch und die erinnern ein bisschen an Frischkäse – erwärmt.

Aber die Milch ist erst der Anfang.

Zur Gerinnung oder Verfestigung der Milch gibt man **Bakterien** und **Lab** hinzu, das ist eine Flüssigkeit aus dem Kälbermagen. Schon nach einer halben Stunde ist aus der Milch eine halbfeste Masse geworden, die **Dickete.** Sie wird mit einem besonderen Werkzeug, der Käseharfe, in kleine Stücke geschnitten. Die **Käseharfe** macht nicht etwa Musik.

So lässt sich das Ganze besser auspressen. Neben festen Bestandteilen enthält der Käsebruch noch viel Käsewasser, **Molke** genannt. Übrig bleiben nach dem Auspressen das **Fett** und das **Eiweiß** der Milch. Der Käse wird in die gewünschte Form gebracht und einige Zeit in kräftigem **Salzwasser** gebadet. Das Salz zieht die letzten Reste der Molke aus dem Käse und kräftigt den Geschmack.

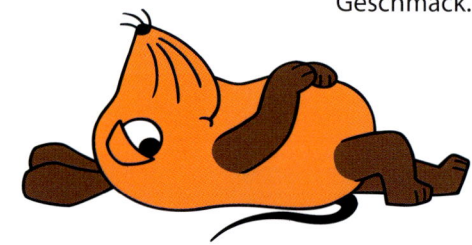

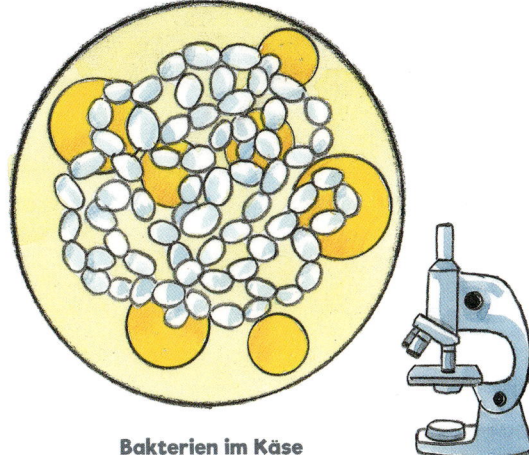

Maus im Käse

Bakterien im Käse

Jetzt wird der Käse an einen kühlen Ort gebracht, um zu reifen. Bis zu diesem Punkt sind wir den Löchern im Käse noch nicht begegnet, aber es wird langsam Zeit, dass wir dem Geheimnis auf die Spur kommen:

Wenn der Käse jetzt langsam reift, dann werden die Bakterien wichtig, die zusammen mit dem Lab in die Milch gegeben wurden. Diese Bakterien sind völlig harmlos und ernähren sich von dem Käse, oder besser gesagt, von einem Bestandteil der Milch, dem **Milchzucker.** Wenn sie diesen Milchzucker verdauen, dann kommt dabei unter anderem Kohlendioxid heraus. **Kohlendioxid** ist ein Gas, das auch Mineralwasser und Limonaden sprudeln lässt. In diesen Flüssigkeiten kann das Gas nach oben steigen und in die Luft entweichen. Aber so flüssig ist unsere Käsemasse mittlerweile nicht mehr. Das Kohlendioxid steckt im Emmentaler fest und bildet deshalb im Käse **Blasen.** Je mehr Bakterien im Käse sind, desto größer werden die Blasen.

So entstehen die berühmten Löcher im Emmentaler Käse.

Der reift jetzt in seinem kühlen Keller mindestens vier Monate – dann schmeckt er angenehm mild. Lagert er hingegen ein oder sogar zwei Jahre, dann wird der Käse so richtig schön würzig.

Also: Die hungrigen Mäuse waren es nicht, die die Löcher in den Käse hineingefressen haben, sondern – kaum zu glauben – verfressene kleine Bakterien!

Wie kommen die Streifen in die Zahnpasta?

Wer regelmäßig auf die Zahnpastatube drückt, hat sich diese Frage bestimmt schon einmal gestellt. Es ist auch ganz egal, ob man vorne oder hinten drückt, die Streifen sind immer da, und sie sind ganz gleichmäßig, egal ob man stark auf die Tube drückt oder schwach. Wenn man eine Tube aufschneidet, ist die Antwort ganz einfach.

Die Zahncreme mit Streifen ist eine Erfindung aus Amerika und stammt von einem Mann namens **Leonard Marraffino,** der 1955 in New York auf die Idee kam.

In unsere Tube wird nun zunächst von hinten eine Schicht rot gefärbte Zahnpasta gefüllt, die das Ende des Röhrchens nicht überragt.

Wie muss man sich das jetzt vorstellen mit der Tube, der Zahnpasta und den Streifen?

Wenn man eine **Zahnpastatube** hinter der Öffnung aufschneidet, dann kann man ganz genau sehen, wie die Sache mit den Streifen funktioniert. Jede Tube besitzt ein Röhrchen, das von der Öffnung ungefähr zwei Zentimeter weit in die Tube hineinragt. Dieses **Röhrchen** besteht aus einer großen runden **Mittelöffnung,** an deren Seite schmale **Gänge** verlaufen. Und am Ende der Gänge befinden sich mehrere kleine **Löcher.**

Anschließend wird die Tube mit weißer Zahncreme aufgefüllt und das hintere Ende verschlossen. Wenn man die Tube nun der Länge nach aufschneidet, sieht man zwei Zentimeter rote Zahnpasta und darüber weiße.

Stell dir vor, dass die Tube wieder ganz normal verschlossen ist.
Drückt man auf die Hülle, verteilt
sich der Druck ganz gleichmäßig.
Der Druck ist also nicht etwa dort
höher, wo die Finger die Tube

berühren und sie zusammen-
drücken. Der Druck ist überall in
der Tube gleich hoch. Die **weiße
Zahnpasta** fließt durch die
große runde Mittelöffnung. Und
gleichzeitig kommt **rote Zahnpasta** durch die schmalen Gänge.
Am Ende treffen die beiden Farben aufeinander und bilden einen
gestreiften Zahnpasta-Strang.

Das Gleiche geht natürlich auch
mit mehreren Farben – dann hat
unser Zahnpasta-Streifen einfach
mehrere bunte Farben.

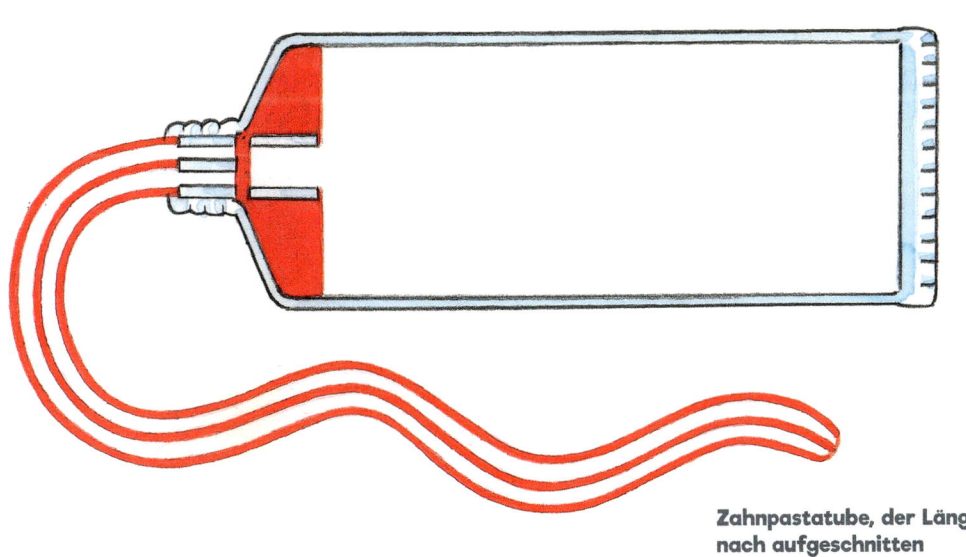

**Zahnpastatube, der Länge
nach aufgeschnitten**

Wieso knistert ein Feuer?

Jeder hat das schon einmal gehört: ganz egal, ob es sich um ein Lagerfeuer, ein Kaminfeuer oder ein Sonnwendfeuer handelt. Immer wieder knackt und knistert es in den Flammen. Sehr merkwürdig, denn das ist ja nicht bei jeder Flamme so.

Kerzenwachs und **Gas** verbrennen lautlos. Allenfalls hört man beim Gasherd ein leises Zischen des Gases, das aus den kleinen Öffnungen im Herd strömt.

Um den Grund für das Knistern zu finden, muss man sich das Holz ganz aus der Nähe ansehen, am besten mit einem Mikroskop.

Aber die Flamme selbst macht keine Geräusche.

Früher wurde noch gerne mit **Kohle- und Ölöfen** geheizt, die in jedem Zimmer standen. Wenn du deine Eltern oder Großeltern fragst, dann werden sie dir sagen, dass weder Kohle noch Öl Geräusche von sich gegeben haben. Nicht einmal **Papier** knistert, wenn man ein Lagerfeuer damit entzündet. Kann es also sein, dass das mit dem Knistern am **Holz** liegt, mit dem das Feuer angeheizt wird?

Verbrennt man verschiedene Holzarten, stellt man schnell fest, dass Holz von Tannen, Fichten und Kiefern besonders stark knistert. Sogar dann, wenn es knochentrocken ist.

Ist die Vergrößerung ausreichend, sieht man die einzelnen **Zellen,** aus denen das Holz besteht.

Viele dieser Zellen enthalten trotz guter Trocknung noch immer etwas Wasser. Es kann nämlich nicht entweichen, weil die Zellen verschlossen sind wie Konservendosen. Wenn die Zellen nun im Feuer erhitzt werden, verdampft das Wasser und dehnt sich dabei explosionsartig aus. Denn **Wasserdampf** benötigt viel mehr Raum als flüssiges Wasser.

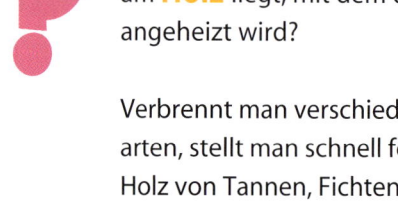

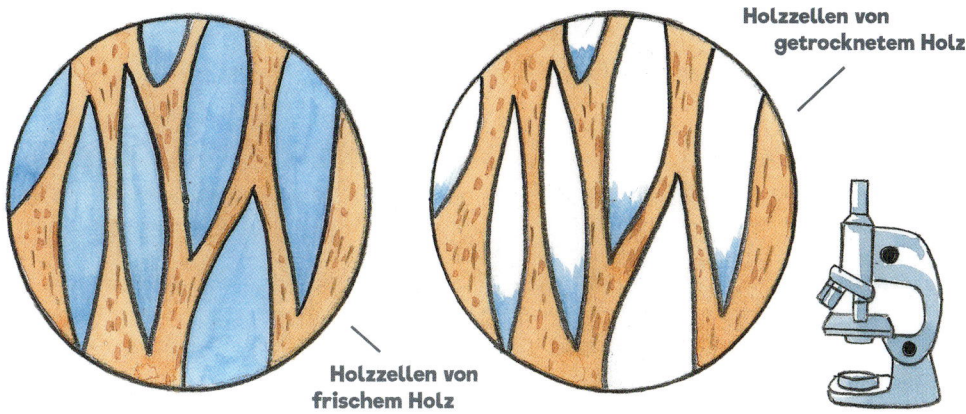

Holzzellen von
getrocknetem Holz

Holzzellen von
frischem Holz

Der Druck ist irgendwann so groß, dass die verschlossene Zelle einfach aufgesprengt wird. Sie explodiert wie ein Feuerwerkskörper.

Allerdings ist die Zelle sehr klein. So klein, dass man ein Mikroskop braucht, um sie zu betrachten – das hatten wir ja bereits herausgefunden. Weil die Zelle so klein ist, hört man auch den Explosionsknall nicht so laut wie bei einem Feuerwerk, sondern eben nur als Knacken oder Knistern.

Lauter kann es werden, wenn das Feuer eine **Harzgalle** erreicht. Das ist ein Hohlraum im Holz einer Fichte oder Kiefer, in dem Harz gelagert ist. Dieses Harz braucht der Baum, um damit Verletzungen des Stamms oder der Äste zu versorgen. Das Harz enthält Öle, die wie Wasser verdampfen und die Zelle explodieren lassen. Weil diese Öle aber gleichzeitig auch brennen, sorgen sie so für ein zusätzliches Knistern.

Ein größeres Stück Holz kann auch knacken, wenn es im Feuer ganz schnell stark austrocknet. Die **Spannungen im Holz** werden immer größer, bis es schließlich mit einem Knall reißt. Ein solches Geräusch ist allerdings eher selten.

Doch ganz egal, welches Holz man verbrennt, das Wichtigste ist, sich selbst und andere nicht in Gefahr zu bringen. Am besten sollte man das Ganze immer zusammen mit einem Erwachsenen machen und einen Eimer mit „Löschwasser" oder Sand griffbereit haben. Nur wenn man vorsichtig mit einem Feuer umgeht, hat man auch Spaß damit und kann das Knacken und Knistern genießen.

21

Warum klebt der Kleber?

Das kennt jeder: Ob in der Schule oder zu Hause – etwas fällt herunter und geht kaputt. Der Griff von deinem Holzschwert ist abgebrochen? Oder die Tragfläche von deinem Modellflugzeug? In vielen Fällen reichen ein guter Alleskleber und Luft, um den Schaden zu reparieren.

Ohne Klebstoffe könnte man weder basteln noch etwas Zerbrochenes wieder zusammenkleben. Daher gibt es sicherlich bei jedem von euch zu Hause eine Flasche oder Tube **Alleskleber.** Braucht man immer wieder.

haftet dort fest. Er verdrängt die Luft und verbindet sich mit dem Untergrund. Dazu muss er eben weich und zähflüssig sein.

Ist der Klebstoff gut verteilt, presst man beide Teile fest aneinander.

Die meisten dieser Kleber bestehen aus zwei Teilen:

einem **Kunststoff** und einem **Lösungsmittel,** das kann Alkohol oder Wasser sein. Der Kunststoff ist eigentlich hart, aber er wird durch das Lösungsmittel weich und zähflüssig. Solange er in der Flasche oder Tube ist, bleibt der Kleber auch so.

Das ändert sich erst, wenn man den Kleber einsetzt. Nehmen wir also das Beispiel von unserem Holzschwert: Man bestreicht am besten beide Seiten der Bruchstelle mit einer dünnen Schicht Klebstoff. Dieser dringt in jede Ritze und jedes kleine Loch ein und

Dabei sollte man nicht ungeduldig sein, denn der Klebvorgang braucht etwas Zeit. Wartet man nicht lange genug ab, können sich die Teile wieder voneinander lösen. Der Klebstoff muss erst aushärten, also wieder zu dem harten Kunststoff werden, aus dem er hergestellt wurde. Das passiert, weil das Lösungsmittel aus dem Klebstoff in die Luft entweicht. Der Kleber verbindet sich nun dauerhaft mit den Oberflächen der Klebeteile.

Es gibt aber auch noch andere Arten von Klebstoffen. **Heißkleber** kommen ganz ohne Lösungsmittel aus. Auch

22

sie bestehen aus einem Kunststoff, der jedoch nicht durch ein Lösungsmittel zähflüssig wird, sondern durch Hitze. Mithilfe einer **Klebepistole** werden Stäbe aus Kunststoff geschmolzen und sofort auf die Klebeflächen „geschossen". Wieder wird der Kleber hart. Aber nicht, weil sich ein Lösungsmittel verflüchtigt, sondern weil er abkühlt und dabei erstarrt.

Für besonders feste Klebeverbindungen werden oft Kleber verwendet, die aus zwei Flüssigkeiten bestehen. Zu dieser Sorte gehört

auch der **Sekundenkleber.** Die eine Flüssigkeit kommt dabei aus der Tube, die andere aus der Luft. Die Luft enthält nämlich Wasser, genauer gesagt, Wasserdampf. Und diese Luftfeuchtigkeit sorgt dafür, dass der Kleber sehr schnell hart wird.

Bei anderen Klebern dieser Art braucht man tatsächlich zwei Tuben, die man zusammen kauft. Beide Klebeflüssigkeiten muss man mischen, damit der Klebstoff aushärtet. Der Vorteil dieses Klebers besteht darin, dass man ihn auch unter Wasser einsetzen kann. Dieser Klebstoff ist viel fester und dauerhafter als Alleskleber. Überlege dir also genau, was du kleben willst, und such dir den passenden Kleber dafür aus. Wenn du alles richtig machst, dann hält der Kleber bombenfest!

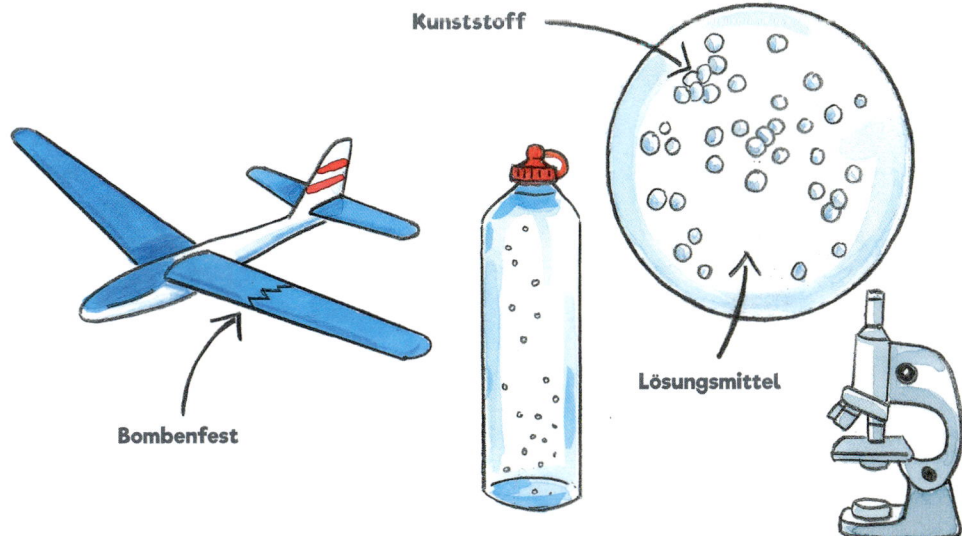

Kunststoff

Bombenfest

Lösungsmittel

Warum ist der Badeschaum immer weiß?

Baden ohne Badeschaum? Das macht einfach keinen Spaß! Doch ganz egal, welchen Duft und welche Farbe man sich aussucht, kaum ist der Badezusatz im Wasser, bilden sich weiße Schaumblasen. Das ist wirklich seltsam – dafür muss es doch eine Erklärung geben.

Badeschaum kann man in fast allen Farben kaufen. Es gibt Bäder, die duften nach Kakao und Vanille, nach Fichtennadeln und Eukalyptus oder nach Rosen oder grünen Äpfeln. Manche Menschen geben den **Badezusatz** direkt ins Wasser, andere genau dorthin, wo der Strahl aus dem Wasserhahn aufs Wasser trifft. Aber das ist eigentlich vollkommen egal, denn der Schaum, der sich auf der Wasseroberfläche bildet, ist immer weiß. Warum ist das so?

Und dann wären da noch **Farbstoffe,** die den Badezusatz einfärben. Kommen die ins Badwasser, passiert Folgendes: Der Wasserstrahl aus dem Hahn oder die Bewegungen desjenigen, der in der Badewanne sitzt, drücken Luft ins Wasser. Die kommt in kleinen **Blasen** zwar sofort wieder an die Oberfläche, trifft dort aber auf die Seife aus dem Badezusatz. Die ist nämlich leichter als Wasser und schwimmt demnach auf der **Wasseroberfläche.**

Ein Badezusatz besteht aus verschiedenen Zutaten.

Die Wichtigste ist **Seife,** man steigt ja auch in die Wanne, damit man richtig sauber wird.

Damit das Bad gut duftet, sind **Duftstoffe** enthalten, wie wir sie auch von Parfüms kennen. Sie werden fast immer aus Pflanzen hergestellt. Andere Zutaten machen die Haut schön weich, sie beruhigen oder machen dich hellwach.

Außerdem bildet sie einen dehnbaren Film, der die aufsteigenden Luftblasen einschließt wie die Haut eines Luftballons. Aus anfangs wenigen kleinen Seifenblasen wird schnell Schaum, der

sich aus unzähligen Bläschen zusammensetzt.

Und die Farbe? Die ist schwerer als die Seife, schwimmt nicht an der Oberfläche und vermischt sich vollständig mit dem Badewasser. Das wird dann ganz schnell grün oder rot oder blau oder gelb.

Farbe und Seife trennen sich also, sobald sie ins Wasser gelangen.

Der dehnbare **Seifenfilm,** der eine Schaumblase umgibt, ist hauchdünn. Viel dünner als ein menschliches Haar und dünner als ein Blatt Papier. Und er ist farblos. Eine Riesenseifenblase ist zwar durchsichtig, schimmert aber ganz leicht in vielen Farben. Denn weißes Licht, wie zum Beispiel das Licht der Sonne, besteht aus vielen Farben. Diese Farben kann man erst sehen, wenn das weiße Licht zerlegt wird. Dazu braucht man bestimmte Gläser, die Prismen heißen, oder man sieht sich einen

Regenbogen am Himmel an. Denn auch Regentropfen können das weiße Licht der Sonne in die darin enthaltenen Farben zerlegen.

Auch auf den kleinen Blasen des Badeschaums kann man manchmal einige dieser **Regenbogenfarben** schimmern sehen. Das passiert, wenn ein kleiner Teil des Lichts an der Oberfläche der Blasen in die Regenbogenfarben zerlegt wird.

Der dünne Seifenfilm wirkt wie eine Fensterscheibe, das heißt, er ist nahezu durchsichtig. Wenn sich aber sehr viele kleine Seifenblasen bilden, dann gibt das einen dichten Schaum. Es ist einfach zu viel Seife vorhanden – da kann das Licht nicht so ohne Weiteres hindurch. Stattdessen wirft die Seife das Licht wie ein Spiegel zurück. Und weil alle im Licht vorhandenen Farben gleichzeitig zurückgeworfen werden, erscheint der Schaum eben weiß.

Schaum

Badewasser

Farbstoff

Warum sieht man sich in einem Löffel auf dem Kopf stehend?

Blickst du in einen gewöhnlichen Spiegel, siehst du dich seitenverkehrt oder spiegelverkehrt, aber sonst ist alles ganz normal. Betrachtest du dich jedoch in der Vertiefung eines Löffels, stehst du auch noch auf dem Kopf. Wie kann das sein? Der Löffel ist doch irgendwie auch ein Spiegel …

Die Vertiefung in einem Löffel hat einen Namen, den vielleicht nicht jeder kennt: Sie heißt **Laffe** und hat diese nach innen gewölbte Form, damit man Suppe, Gemüse oder Kartoffelpüree besser löffeln kann.

Kopf. Das ist merkwürdig, aber dafür gibt es eine Erklärung.

Spiegel aller Art werfen **Lichtstrahlen,** die sie treffen, wieder zurück.

Wenn man die Laffe so richtig schön glänzend poliert, kann man sich darin spiegeln.

Allerdings nicht wie in einem gewöhnlichen, flachen Spiegel. Das Gesicht ist irgendwie verzerrt und sieht komisch aus. Das **Spiegelbild** erscheint nicht nur seitenverkehrt, sondern steht auch noch auf dem

Ein gewöhnlicher Spiegel, wie er in jedem Bad und jeder Garderobe zu finden ist, wirft die Lichtstrahlen so zurück, wie sie ihn treffen. Das Spiegelbild zeigt dir also genau das, was sich vor dem Spiegel befindet.

Schaust du hinein, befindet sich dein rechter Arm genau dem gespiegelten rechten Arm gegenüber. Und der linke Arm liegt dem gespiegelten linken Arm gegenüber. Um uns so zu zeigen, wie

wir tatsächlich dastehen, müsste der Spiegel unser Spiegelbild umdrehen. Das heißt, er müsste den rechten Arm dort zeigen, wo sich der linke befindet. Tut er aber nicht.

Die Laffe eines Löffels ist nun kein gewöhnlicher Spiegel, sondern ein **Hohlspiegel,** das heißt, dass er nach innen gewölbt ist. Auch er wirft das Licht zurück, aber nicht in gerader Linie wie ein flacher Spiegel. Die Lichtstrahlen werden von dem kleinen Hohlspiegel in verschiedene Richtungen umgelenkt. Sieht man direkt hinein, wird das Licht, das den unteren Teil der Laffe trifft, nach oben gespiegelt.

Die Strahlen, die den oberen Teil treffen, werden dagegen nach unten umgelenkt. Dabei kreuzen sich die Strahlen ein paar Zentimeter vor der Laffe. Dieser Kreuzungspunkt ist der **Brennpunkt,** der sich vor jedem Hohlspiegel befindet. Haben die Strahlen den Brennpunkt passiert, wird oben zu unten und unten zu oben. Das gespiegelte Bild steht auf dem Kopf.

Und weil die Laffe meistens eine ovale Form hat, ist das spiegelverkehrte und auf dem Kopf stehende Bild auch noch verzerrt. In einer Laffe siehst du also ziemlich komisch aus.

Hohlspiegel   „Normaler" Spiegel

Wie bildet sich eine Haut auf der Milch?

Du kennst das bestimmt: Da macht man sich Milch warm und möchte einen leckeren Kakao trinken. Aber lässt man den Topf einen Moment zu lange stehen, bildet sich auf der Milch eine zähe schrumpelige Haut. Und die schmeckt leider gar nicht so gut …

Warum ist das so und warum bekommt nicht auch Wasser beim Erhitzen eine solche Haut? Ist doch auch eine Flüssigkeit. Das liegt ganz wesentlich an der Zusammensetzung.

Bestandteile. **Vitamine** und andere Stoffe etwa werden zerstört. Die **Eiweißkügelchen** verändern ihre Form und beginnen, sich wie ein Klebeband oder eine Lakritzschnecke zu entrollen.

Milch besteht aus Wasser, enthält aber auch Fett, Eiweiß, Milchzucker, Vitamine und andere Stoffe.

All diese Bestandteile sorgen dafür, dass Milch so toll schmeckt. Es gibt aber auch einen Nachteil: Sobald man die Milch auf dem Herd erhitzt, verändert sie sich. Auf ihrer Oberfläche bildet sich eine Haut. Doch wo kommt diese Haut eigentlich her?

Sie wird vor allem vom **Eiweiß** der Milch gebildet, das die Form winziger, mit bloßem Auge nicht sichtbarer Kügelchen hat. Die schwimmen durch Milch, kleben aber nicht zusammen, wenn sie sich berühren. Wird die Milch über 75 Grad Celsius erhitzt, verändern sich ihre verschiedenen

Statt der Kügelchen schwimmen nun lange Fäden durch die Milch, die aneinanderkleben, sobald sie zusammenstoßen. Aus den **klebrigen Fäden** entsteht eine Art **Netz,** in dem auch andere Stoffe wie das **Milchfett** kleben bleiben. Und da dieses Netz leichter als das Wasser der Milch ist, schwimmt es an der Oberfläche. Dort verdampft inzwischen ein kleiner Teil des Wassers, wie der aufsteigende **Wasserdampf** zeigt. Dadurch wird das Netz immer fester und bildet schließlich eine dicke Haut. Sie ist zwar nichts weiter als ein-

Schon gewusst?

Nur für den Vergleich: So ähnlich ist es auch bei einem Hühnerei. Wenn du dir ein Spiegelei in der Pfanne braten willst, ist das Eiweiß zuerst auch noch flüssig. Aber wenn du es erhitzt, wird es fest.

gedickte Milch, die man bedenkenlos essen kann. Dennoch finden sie viele Menschen ekelig.

Also: Das Eiweiß ist schuld, dass sich auf der Milch eine Haut bildet. Wenn du diese Haut nicht magst, musst du die Milch übrigens während des Erhitzens nur ununterbrochen rühren. Dabei sollte dir ein Erwachsener helfen. So verhinderst du, dass sich die Eiweißfäden zu einem Netz verbinden können.

An der Oberfläche stoßen diese Blasen dann an die Milchhaut, die sie nicht so leicht entweichen lässt. Wenn viele Dampfblasen sich dort sammeln, dann kocht die Milch schließlich über. Also besser den Topf rechtzeitig vom Herd nehmen oder die Milch umrühren. Sonst gibt es eine Riesensauerei!

Oder du achtest darauf, dass die Milch nicht zu heiß wird, also nicht über 75 Grad Celsius erhitzt wird. Wird sie noch heißer, verdampft immer mehr **Milchwasser** im Topf und steigt in Form von **Dampfblasen** auf.

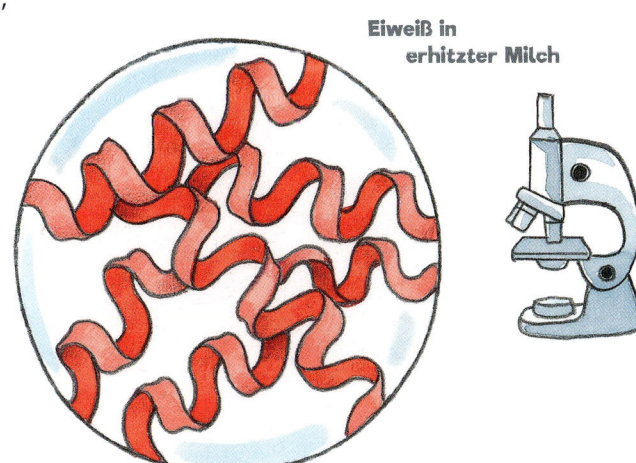

Eiweiß in erhitzter Milch

Wie wird man Balletttänzerin?

Es sieht toll aus, wenn eine Balletttänzerin leicht und fröhlich zu wunderschöner Musik über die Bühne schwebt. Das kann doch eigentlich gar nicht schwer sein, wenn man musikalisch und ein bisschen sportlich ist. Oder?

In jeder größeren Stadt gibt es nicht nur ein Theater und ein Opernhaus, sondern auch ein Tanztheater oder **Ballett.** Während im Theater meistens gesprochen und bei der Oper gesungen wird, erzählen Tänzerinnen und Tänzer ihre Geschichten nur mit Bewegungen. Dabei werden sie fast immer von einem Orchester begleitet. Aber wie wird man Balletttänzerin?

Wer Schauspieler werden will, besucht eine Schauspielschule. Und wer zum Ballett möchte, der besucht eine **Ballettschule.**

Bei beiden Schulen muss man allerdings eine Aufnahmeprüfung machen. Ein gutes Zeugnis allein reicht hier nicht aus.

Wenn du mit 15 Jahren plötzlich auf die Idee kommst, eine Ballettschule wäre das Richtige für dich, dann bist du eindeutig zu spät

dran. Für das Ballett muss man sich viel früher entscheiden. Eine Ballettschule kann man nämlich bereits als kleines Kind besuchen. Drei Jahre sollte man allerdings schon alt sein. Zunächst einmal machst du verschiedene Übungen und lernst dabei **Körperbeherrschung.**

Mit etwa fünf Jahren kommen die ersten richtigen **Tanzbewegungen** hinzu. Und diese Übungen werden mit jedem Jahr schwieriger. Viele dieser Übungen finden an der **Barre** statt. Das ist eine Stange, die hilft, das Gleichgewicht zu halten.

Klassisches Ballett gibt es schon seit über 200 Jahren. Und weil es in Frankreich und Italien erfunden wurde, muss eine

Ballettschülerin viele französische und italienische Wörter lernen, um die Anweisungen zu verstehen.

Mit zehn oder zwölf Jahren bist du dann vielleicht schon eine tolle kleine Tänzerin und nimmst an Aufführungen für Kinder teil.

Schon gewusst?

Selbstverständlich können auch Jungen Balletttänzer werden. Aber es ist schon so: Die Mädchen sind beim Ballett in der Überzahl.

Mit 16 Jahren kannst du dich dann für ein **Ballettstudium** an einer staatlichen oder privaten Ballettschule bewerben. Selbstverständlich musst du eine **Aufnahmeprüfung** machen und zeigen, was du schon gelernt hast. Als Neuling hat man hier keine Chance. Wer Balletttänzerin werden will, muss sich also schon sehr früh auf diesen Beruf vorbereiten. Wenn du an der

Ballettschule aufgenommen wirst, dauert es noch mehrere Jahre, bis du eine wirklich gute Tänzerin bist. Um dieses Ziel zu erreichen, ist sehr viel Ausdauer nötig. Du musst hart trainieren und jeden Schritt und jede Bewegung Hunderte Male wiederholen. Am Ende soll alles leicht und spielerisch wirken.

Wenn du besonders gut bist, wirst du **Primaballerina,** das ist die erste und wichtigste Tänzerin, die die Hauptrollen übernimmt.

Die Zuschauer können nur ahnen, wie viele Jahre du trainiert hast, um so fantastisch tanzen zu können.

Balletttänzer an der Barre

Wie wird man Polizist?

Polizisten haben viele verschiedene Aufgaben. Sie schreiben Strafzettel, wenn Autofahrer zu schnell fahren oder falsch parken. Sie helfen bei Verkehrsunfällen, sichern Fußballspiele und suchen Verbrecher. Von ein bisschen langweilig bis superspannend: Bei diesem Beruf ist alles dabei.

Für die Ausbildung von Polizisten sind in Deutschland die einzelnen **Bundesländer** zuständig. Deshalb ist die Ausbildung in Bayern anders als in Niedersachen oder in Thüringen.

Im ersten Schritt schickst du deine Bewerbungsunterlagen an die Polizei. Dazu gehören verschiedene Dokumente wie etwa das **Abschlusszeugnis** der Schule.

Allerdings gibt es ein paar Voraussetzungen, die jeder Bewerber in jedem Bundesland erfüllen muss:

Wenn du Polizist werden willst, musst du mindestens 16 Jahre alt sein. Und du solltest gesund, fit und sportlich sein. Du solltest auch nicht zu klein sein. Frauen unter 1,60 Metern und Männer unter 1,65 Metern werden meistens nicht genommen. Einen Schulabschluss musst du auch in der Tasche haben, am besten einen Realschulabschluss oder das Abitur. Wenn das alles bei dir passt, kann es losgehen.

Hat die Polizei Interesse, wirst du zu einem Test eingeladen. Da musst du Aufgaben lösen, ganz ähnlich wie in der Schule. Auch eine Sportprüfung gehört dazu.

Wenn du den Test bestanden hast, besuchst du zunächst für zweieinhalb Jahre eine **Polizeischule.** Dort lernst du alles, was ein Polizist in Uniform können muss. Ganz wichtig sind die Gesetze, denn als Polizist kümmerst du dich ja darum, dass die von allen Bürgern eingehalten werden. Ein **Verkehrspolizist** muss genau wissen, wo ein Auto parken darf, ein **Streifenpolizist,** wie man einen Dieb behandelt.

Wenn du schließlich die **Abschlussprüfung** bestehst, wirst du einem **Polizeirevier** zugeteilt und darfst deinen Dienst beginnen. Jetzt kannst du zeigen, was du gelernt hast! Wenn du später mal mehr als ein einfacher Polizist werden willst, also zum Beispiel **Kriminalkommissar,** dann musst du eine Hochschule besuchen. Da solltest du auch schon mehrere Jahre in deinem Beruf gearbeitet haben.

Bestimmt weißt du dann bereits, wie man an einem **Tatort** nach Spuren sucht. Klar, das macht man mit besonderen Handschuhen, um diese Spuren nicht zu verändern.

Hat man **Fingerabdrücke** oder Reifenspuren gesichert, kommt es darauf an, diese Spuren zu deuten.

Verkehrspolizist

Dazu schaut man im Computer nach, ob die Fingerabdrücke bereits bekannt sind. Dann kann man den Täter schnell ermitteln.

Auf einer Hochschule erfährst du noch mehr über die **Gesetze** als auf der Polizeischule. Du lernst außerdem, wie man am besten ein Team leitet. Denn nach dem Abschluss an der Hochschule geht man nicht mehr als normaler Polizist auf Streifendienst, sondern wird **Streifenführer** und ist der Chef von sechs oder mehr Polizisten. Bei der **Kriminalpolizei** leitet man als Kommissar die Ermittlungen und entscheidet, welche Verdächtigen verhaftet werden. Damit übernimmt man sehr viel Verantwortung. Die hat man dann später auch vor Gericht. Wird nämlich ein Straftäter angeklagt, muss ein Kommissar dem Richter genau erklären, was er über die Straftat herausgefunden hat.

Kriminalkommissar
bei der Spurensuche

Faszinierend:

dein Körper

Die meistgestellten Fragen zu Schrumpelhaut, Fingernägeln und ansteckendem Gähnen

Warum knurrt einem manchmal der Magen?

Diese komischen Geräusche kennt jeder. Du sitzt gerade mit deinen Freunden zusammen und – plötzlich hört es sich an, als säße ein Hund im Schrank. Aber das stimmt nicht. Ein Magen knurrt. Offenbar hat jemand Hunger. Oder doch nicht?

Manchmal macht unser Körper Geräusche, gegen die wir gar nichts tun können. Zwar kann man mit etwas Glück ein Niesen unterdrücken und selbst ein Pups ist zu vermeiden. Aber wenn der **Magen** knurrt, können wir das nicht verhindern. Er knurrt, ob wir wollen oder nicht. Und wenn er knurrt, glauben wir auch zu wissen, warum.

Der kleine oder große Hunger verursacht die komischen Geräusche.

Stimmt! Allerdings ist es nicht der Magen, der die knurrenden Geräusche macht. Er hilft nur ein bisschen mit, weil er leer ist. Und deswegen ist er ein prima **Schall-körper.** Stell dir das vor wie bei einer Gitarre oder einer Trommel. Dieser Körper ist dazu da, den Ton eines

Musikinstruments zu verstärken. Weil das beim Magen ebenso ist, kann man das Knurren gut hören. Aber wie entsteht es?

Isst man ein Stück Brot oder etwas anderes, kaut man es zuerst und schluckt es dann herunter. Durch die **Speiseröhre** im Hals rutscht der zerkaute Speisebrei in den Magen. Dort wird er mit der

Magensäure vermischt, die den Brei noch flüssiger macht und ihn weiter auflöst. Um den Brei in den **Darm** zu befördern, wo ihm die Nährstoffe entzogen werden, muss er regelmäßig bewegt werden. Dafür sind **Muskeln** zuständig, die dafür sorgen, dass sich der Nahrungsbrei vom Magen in den Darm schiebt. Das alles findet ganz automatisch statt. Wir brauchen

uns also nicht darum zu kümmern. Alle paar Minuten werden die Muskeln aktiv und so wandert unser Nahrungsbrei vom Magen in den Darm, bis er schließlich den Po erreicht.

Solange genügend Nahrungsbrei vorhanden ist, arbeiten Magen und Darm fast geräuschlos. Doch auch wenn der Magen leer ist, arbeiten die Muskeln weiter. Und weil keine Nahrung da ist, pressen sie nun Magensäure und Luft in

den Darm. Dort, etwas unterhalb des Magens, entstehen dann die Geräusche, die du kennst. Dieser Teil des Darms wird deshalb auch **„Knurrdarm"** genannt.

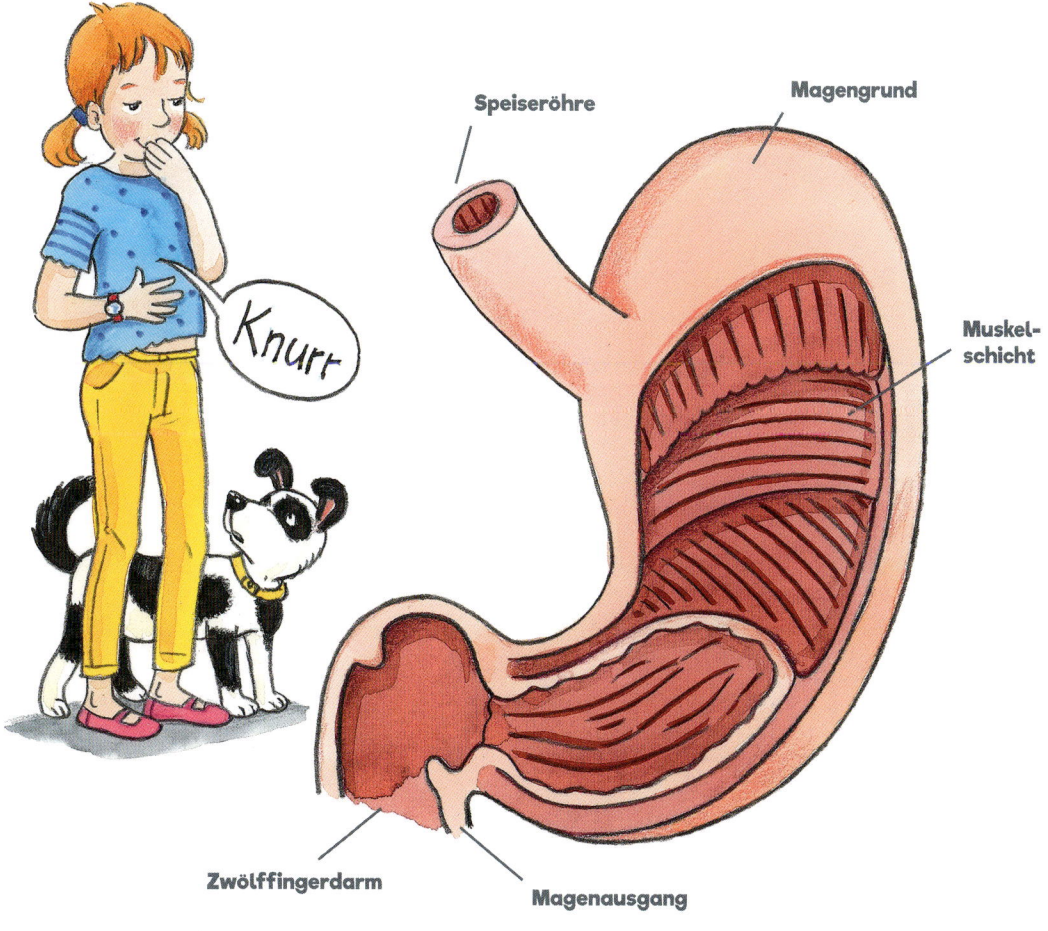

Knurr

Speiseröhre

Magengrund

Muskel-schicht

Zwölffingerdarm

Magenausgang

Warum wachsen die Kopfhaare immer länger und die Körperbehaarung nicht?

Wenn die Haare auf deinem Kopf zu lang werden, müssen sie geschnitten werden. Aber was ist mit den Haaren auf Armen und Beinen – die schneidet niemand. Braucht man auch nicht, denn sie werden nicht besonders lang und wachsen auch viel langsamer.

Fast der ganze menschliche Körper ist mit Haaren bedeckt. Nur die Handflächen und die Innenseiten der Finger nicht, ebenso die Lippen und die Fußsohlen. Diese Haare verdanken wir unseren Vorfahren, die vor mehreren Millionen Jahren in Afrika lebten und noch ein Fell hatten. Es schützte die Haut und hielt den Körper warm. Irgendwann zwischen damals und heute haben wir dieses **Fell** verloren.

Schon gewusst?

Blonde Menschen haben ungefähr 150 000 Haare, Schwarzhaarige 110 000 Haare, Menschen mit braunem Haar etwa 100 000 Haare und Rothaarige nur rund 80 000 Haare.

Geblieben sind die wenigen Körperhaare und Haare auf dem Kopf.

Ein Kopfhaar ist 0,12 Millimeter dick. Auf einer Fläche von einem Quadratzentimeter (das ist ungefähr so groß wie ein Fingernagel) haben rund 200 Haare Platz. Ein **Kopfhaar** wird bis zu acht Jahre alt, bevor es ausfällt. In dieser Zeit kann es ganz schön lang wachsen.

Das ist möglich, weil die **Haarwurzeln** auf dem Kopf besonders groß und kräftig sind. Sie lassen ein Haar innerhalb von drei Tagen ungefähr einen Millimeter wachen. Kein Wunder,

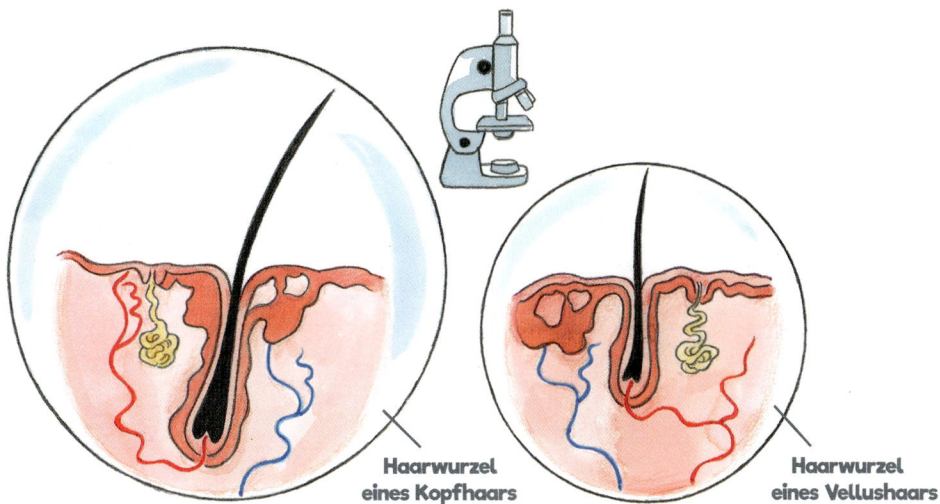

Haarwurzel
eines Kopfhaars

Haarwurzel
eines Vellushaars

dass wir uns ständig die Haare schneiden lassen!

Das Schneiden hat übrigens keinen Einfluss auf das Wachstum. Ob man sie nun schneidet oder wachsen lässt, die Haare wachsen immer mit der gleichen Geschwindigkeit. So oder so, am Ende seines Lebens fällt das Haar aus. Das betrifft bis zu 100 Haare am Tag.

Aber: Aus derselben Haarwurzel wächst dann ein neues Haar. Schauen wir uns doch jetzt im Vergleich mal die Haare an, die nicht auf dem Kopf, sondern am Körper wachsen. Die sehen ganz anders aus. Statt der dicken und langen Kopfhaare bedecken kaum sichtbare, meist farblose, kurze und dünne Flaumhaare unseren Körper. Diese Haare nennt man auch **Vellushaare.** Sie sind nur etwa 0,04 Millimeter dick und

erreichen eine Länge von bis zu einem Zentimeter. Die Wurzeln dieser Haare sind viel kleiner und bei Weitem nicht so kräftig wie die Wurzeln der Kopfhaare. Deshalb wachsen die Vellushaare auch viel langsamer und werden nicht so lang.

Aber sie können etwas, was die Kopfhaare nicht können, nämlich eine **Gänsehaut** bilden. Wenn dir plötzlich kalt wird, dann richten sich die Flaumhaare an deinen Armen oder auf dem Rücken auf.

Wenn du frierst, dann sollen die aufgerichteten Haare verhindern, dass die kalte Luft an deine Haut herankommt und dein Körper schnell auskühlt. Aber viel Erfolg haben die Haare damit nicht. Sie sind einfach zu kurz und zu wenige. Hätten wir noch ein Fell, sähe das anders aus!

Wieso muss man pupsen?

Stell dir vor, zum Mittagessen gibt es Bohnen mit Kohl. Aber kurze Zeit später fängt es an in deinem Bauch zu rumoren und du musst pupsen. Richtig laut. Und es stinkt auch noch. Peinlich! Hoffentlich hat es keiner gemerkt. Dabei ist Pupsen etwas ganz Normales.

Aber was steckt hinter den Pupsen? Manche sind laut, manche hört man gar nicht, manche stinken und andere nicht. Das muss man doch erklären können!

Der Darm allein würde das alles gar nicht schaffen, aber er hat Hilfe von über 1000 verschiedenen Bakterienarten, die sich in ihm tummeln.

Wenn du etwas isst, kaust du es im Mund und schluckst es herunter.

Dabei gelangt nicht nur dein Essen durch die Speiseröhre in den Magen, sondern auch etwas Luft. Ein kleiner Teil der verschluckten Luft wandert mit dem Nahrungsbrei durch den **Magen** in den **Darm.** Der Darm verarbeitet jetzt das, was du gegessen hast, und zieht alles heraus, was für deinen Körper wichtig ist, zum Beispiel Fett, Eiweiß, Zucker und Vitamine. Die **Verdauung** ist aber nicht immer einfach, denn manchmal isst man auch Lebensmittel, mit denen der Darm viel Mühe hat. Dazu gehören Erbsen, Bohnen und Linsen, aber auch Sauerkraut, Zwiebeln oder Kohl.

Sie ernähren sich von den verbliebenen Resten der Bohnen und Zwiebeln, die sie in ihre Bestandteile zerlegen. Dabei bleiben wieder Stoffe übrig, die der Darm aufnehmen und der Körper verarbeiten kann. Aber die **Bakterien** bilden auch verschiedene **Darmgase,** die sich mit der verschluckten Luft vermischen. Dazu gehören Kohlendioxid, auch als Kohlensäure bekannt, aber auch Gase mit nicht so bekannten Namen wie Methan, Ammoniak und Schwefelwasserstoff. Das letzte **Gas** sorgt übrigens dafür, dass ein Pups stinkt.

Wenn wir normal essen, erzeugen die Bakterien im Darm rund ein bis zwei Liter Gas am Tag. Das reicht bequem für zehn bis 20 Pupse. Die meisten kommen und gehen, ohne dass wir es merken.

Ein Pups ist übrigens sehr schnell. Während der Nahrungsbrei ein bis zwei Tage braucht, um den Po zu erreichen, sind die Darmgase nur etwa eine halbe Stunde unterwegs.

Grundsätzlich gilt: Du solltest einen Pups nicht wirklich lange unterdrücken, denn sonst kann es passieren, dass sich dein Bauch aufgebläht anfühlt und vielleicht

sogar weh tut. Das nennt man „**Blähungen** haben". Ein Arzt würde dir jetzt raten: Am besten, du pupst, denn sonst können die Blähungen unerträglich werden und du bekommst womöglich heftige **Bauchschmerzen.** Du siehst: Pupsen ist gesund.

Warum kitzelt es nicht, wenn ich mich selber kitzele?

Bist du normalerweise kitzelig? Eigentlich ist das jeder Mensch. Der eine mehr, der andere weniger. Besonders empfindlich sind unter anderem die Fußsohlen und die Achselhöhlen. Doch was anderen leichtfällt, nämlich dich zu kitzeln, das gelingt dir selbst nicht. Warum eigentlich?

Stell dir vor, du liegst auf dem Sofa und guckst einen ganz spannenden Film. Der ist so spannend, dass du alles um dich herum vergisst. Aber plötzlich spürst du Finger an deinen Fußsohlen, und jemand kitzelt dich so heftig, dass du lachend und prustend auf den Boden fällst. Warum ist man eigentlich kitzelig?

erst einmal nicht klar ist, ob die Berührung freundlich oder feindlich gemeint ist, hat die Natur einen automatischen Schutz eingebaut, der auch dann noch funktioniert, wenn man schläft. Die Forscher sagen zu so etwas auch **Schutzreflex.**

So genau wissen das nicht einmal die Forscher, die sich damit beschäftigen.

Fest steht auf jeden Fall, dass deine empfindlichen Körperstellen mit ganz besonderen **Zellen** ausgestattet sind. Deine Fußsohlen zum Beispiel spüren schon die Berührung durch ein einzelnes Haar. Und auch wie dein Körper reagiert, ist dann kein Zufall. Bemerken die empfindlichen Zellen eine Berührung, zuckt der Fuß oder zieht sich zurück, um der Berührung auszuweichen. Weil

Und sie haben noch etwas herausgefunden: Wenn Menschen sich gegenseitig kitzeln, lachen und herumtollen, dann zeigen sie, dass sie sich mögen. Die Schutzreflexe bleiben zwar, und deshalb möchte man die kitzelnden Finger und Hände abwehren. Man will zwar nicht gekitzelt werden,

42

weiß aber gleichzeitig, dass das nicht gefährlich ist. Alles nur Spaß.

Solltest du aber versuchen wollen dich selbst zu kitzeln, klappt das nicht. Probier es ruhig einmal aus. In dem Augenblick, in dem du die Hand bewegst, weiß dein eigenes **Gehirn** nämlich genau, was du vorhast. Es kennt auch die Stelle, an der du dich kitzeln willst. Und es weiß, dass keine Gefahr droht. Deshalb schaltet dein Gehirn die empfindlichen Zellen einfach ab.

Das ist ziemlich clever, denn so kann sich das Gehirn weiterhin um wichtigere **Reize** kümmern und ist nicht abgelenkt. Es ist nämlich eine ganz schön schwere Aufgabe, alles, was dir passiert und was

du erlebst, richtig einzuordnen. Das gelingt deinem Gehirn nur, wenn es die vielen **Informationen,** die es bekommt, möglichst schnell und gut sortiert. An erster Stelle kommen die wichtigen Informationen, weiter hinten die unwichtigen.

Und damit ist es klar: Selbstverständlich landet der Versuch, sich selbst zu kitzeln, unter den unwichtigen Informationen. Man könnte auch sagen, für solche Scherze hat das Gehirn kein Verständnis und keine Zeit.

Das ändert sich aber sofort wieder, wenn ein anderer kommt und dich kitzeln will. Dann schaltet das Gehirn die empfindlichen Zellen wieder ein.

Warum muss man weinen, wenn man ganz doll lacht?

Wenn du traurig oder enttäuscht bist oder Schmerzen hast, musst du weinen. Aber auch, wenn du gekitzelt wirst oder über einen wirklich guten Witz ganz laut lachen musst, können die Tränen kullern. Es gibt also viele Gründe, um zu weinen.

Wenn dir ein Sandkorn ins Auge fliegt, dann passiert es sofort: Tränen fließen, denn mit deren Hilfe versucht der Körper, den Fremdkörper aus deinem Auge zu spülen. Oft hat er damit auch Erfolg, ohne dass du gleich mit den Fingern reiben musst. Die **Tränenflüssigkeit** hat also die Aufgabe, dein Auge zu schützen.

Aber auch ohne Sandkorn halten die **Tränendrüsen** das Auge feucht. Die **Hornhaut,** die äußere Schicht des **Augapfels,** die das Auge schützt, darf nämlich auf keinen Fall austrocknen. Sie würde sonst zerstört werden. Daher wird sie ständig mit Tränenflüssigkeit versorgt. Indem du regelmäßig blinzelst, verteilen deine Augenlider die Tränenflüssigkeit über die Hornhaut.

Tränen sind also immer im Auge.

Hat die Tränenflüssigkeit ihre Aufgabe erfüllt, wird sie über besondere Rinnen, die **Tränenkanäle,** zur Nase geleitet. Dort verdunstet sie. Aber wenn die Tränendrüsen sehr viel Flüssigkeit erzeugen, sind die Tränenkanäle überlastet und laufen über. Dann weinst du. Erinnern wir uns noch einmal an das Sandkorn in deinem Auge. Diese Art von Tränen nennen Mediziner **„Reflextränen".** Mit deinen Gefühlen hat das nichts zu tun.

Eine ganz andere Art von Tränen sind diejenigen, die von verschiedenen Gefühlen ausgelöst werden. Schmerzen, Trauer oder Enttäuschung können zum Beispiel solche Gefühle sein. Aber auch Spaß und Freude.

Ein wirklich guter Witz kann dich nicht nur zum Lachen, sondern auch zum Weinen bringen. Ebenso eine freudige Überraschung. Solche Tränen heißen dann **„Freudentränen".**

Schuld an diesen Tränen sind immer Gefühle. Und von diesen Gefühlen gibt es eine ganze Menge, sie müssen nur stark genug sein, dann kommen Tränen ins Spiel.

Warum das so ist, wissen die Forscher noch nicht genau. Sie vermuten, dass der Körper das Weinen einfach in den unterschiedlichsten Situationen einsetzt. Wie gesagt, einfach immer, wenn Gefühle eine Rolle spielen.

Erleichterung oder Trost bringen Tränen übrigens nicht. Du kannst also schrecklich viel geweint haben, aber hinterher bist du immer noch traurig. Oder fröhlich.

Wieso bekommt man, wenn man lange badet, eine Schrumpelhaut?

Wenn du länger in der Badewanne liegst oder im Schwimmbad ewig herumplanschst, dann bekommst du schrumpelige Haut an den Händen und Füßen. Das tut nicht weh und schadet dir auch nicht, aber irgendwie sieht es komisch aus.

Beim Duschen passiert gar nichts. Auch wenn du nur kurz badest oder schwimmst, bleiben die Hände, wie sie sind. Wenn du aber länger in der heißen Wanne sitzt und auch noch **Badeschaum** im Wasser hast, dann geht das schnell. Heb jetzt mal deine Hände aus dem Wasser: Die **Fingerkuppen** sehen total verschrumpelt aus! Und die Arme?

Merkwürdig, die Haut ist glatt wie immer.

So, aber jetzt sieh dir mal deine Füße an: Die **Zehen** sind genauso verschrumpelt wie die Finger. Ist die Haut an Fingern und Zehen etwa anders als die am übrigen Körper?

Ja, das stimmt tatsächlich, denn sie hat viel mehr **Hornzellen** als die übrige Haut. Hornzellen sind abgestorbene Hautzellen, die auf den Fußsohlen oft sogar eine dicke **Hornhaut** bilden. Sie hat die Aufgabe, die eigentliche Haut vor Verletzungen zu schützen. An Händen und Füßen haben wir deutlich mehr Hornzellen als am übrigen Körper.

Da es sich um abgestorbene Zellen handelt, haben sie andere Eigenschaften als die tiefer liegenden, lebenden **Hautzellen.**

Vor allem können Hornzellen Wasser aufsaugen und speichern. Und damit sind wir wieder an dem Punkt, was passiert, wenn du länger in der Badewanne sitzt. Warmes **Seifenwasser** dringt nämlich sogar noch leichter in die Hornzellen ein als normales Wasser. Und schon nach kurzer Zeit quellen die Hornzellen auf und dehnen sich aus. Doch sie können sich dabei nicht von der lebenden Haut darunter lösen, denn sie sind ja fest mit ihr verwachsen. Es gibt daher nur eine Möglichkeit, wie sich die Hornhaut ausdehnen kann, nämlich indem sie Wellen schlägt. Es bildet sich – genau – die bekannte Schrumpelhaut.

Sie verschwindet allerdings, sobald die Hornzellen wieder trocknen und auf ihre normale Größe schrumpfen.

Am restlichen Körper, wo die Haut kaum Hornhaut besitzt, bilden sich keine Wellen.

Im Allgemeinen ist Schrumpelhaut völlig harmlos. Wenn man jedoch sehr oft badet, kann die Hornhaut leiden und rissig werden.

Also, das einfachste Mittel gegen Schrumpelhaut ist: nicht zu lange baden. Eigentlich ganz einfach, oder?

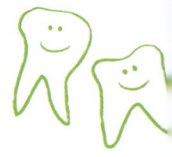

Warum hat man zunächst Milchzähne und warum fallen die dann aus?

Wenn man ungefähr sechs Jahre alt ist, geht es los. Die Milchzähne beginnen zu wackeln und fallen aus. Mehr und größere Zähne wachsen nach, die wir ein Leben lang behalten. Sofern sie gesund bleiben. Kinder aber kauen zunächst mit Milchzähnen.

Als du noch ein Baby warst, hattest du erst einmal gar keine Zähne. Die kamen erst nach und nach. Aber mit ungefähr zweieinhalb Jahren ist ein **Kindergebiss** vollständig.

Und dann sind in deinem Mund genau 20 Milchzähne.

Mehr passen auch gar nicht rein.

Und mit ungefähr sechs Jahren geht es dann los: Die **Milchzähne** beginnen zu wackeln und fallen aus. So wie alles an dir größer wird, wächst auch dein **Kiefer** und deshalb ist dort Platz für mehr Zähne. Weil die Milchzähne aber nicht mitwachsen können, müssen sie ausfallen und Platz machen für die größeren „Zweiten Zähne". Normalerweise sind das dann 28 bis 32 Stück.

Wenn du also zwischen sechs und sieben Jahren alt bist, dann wachsen die ersten bleibenden Zähne. Das sind **Backenzähne,** die hinter den Milchbackenzähnen durch das **Zahnfleisch** stoßen.

Bis jetzt musste für die neuen Zähne also noch kein Milchzahn dran glauben. Das ändert sich aber, sobald diese neuen Backenzähne da sind. Jetzt wachsen die mittleren **Schneidezähne** aus dem Ober- und Unterkiefer und drücken vom Zahnfleisch aus gegen die Milchschneidezähne. Dabei lösen sich die **Wurzeln** der Milchzähne langsam auf, sodass die sich im Kiefer nicht mehr festhalten können. Und wenn das passiert ist, dann fallen die Milchzähne aus. Wenn du den Wackelzahn nach langer

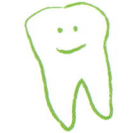

Nach den Schneidezähnen sind die **Eckzähne** dran, die zwischen dem neunten und dem elften Geburtstag ausfallen. Als letzte werden die Backenzähne ausgetauscht. Bis du etwa 13 Jahre alt bist, hast du ein komplett neues Gebiss.

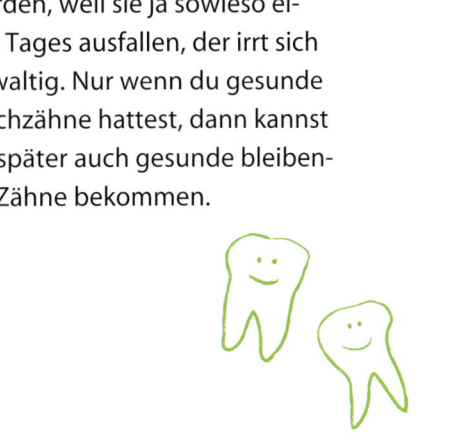

Wer jetzt vielleicht denkt, Milchzähne müssen nicht geputzt werden, weil sie ja sowieso eines Tages ausfallen, der irrt sich gewaltig. Nur wenn du gesunde Milchzähne hattest, dann kannst du später auch gesunde bleibende Zähne bekommen.

Wackelei endlich zwischen den Fingern hältst, dann wirst du sehen, dass wirklich keine Wurzel mehr dran ist.

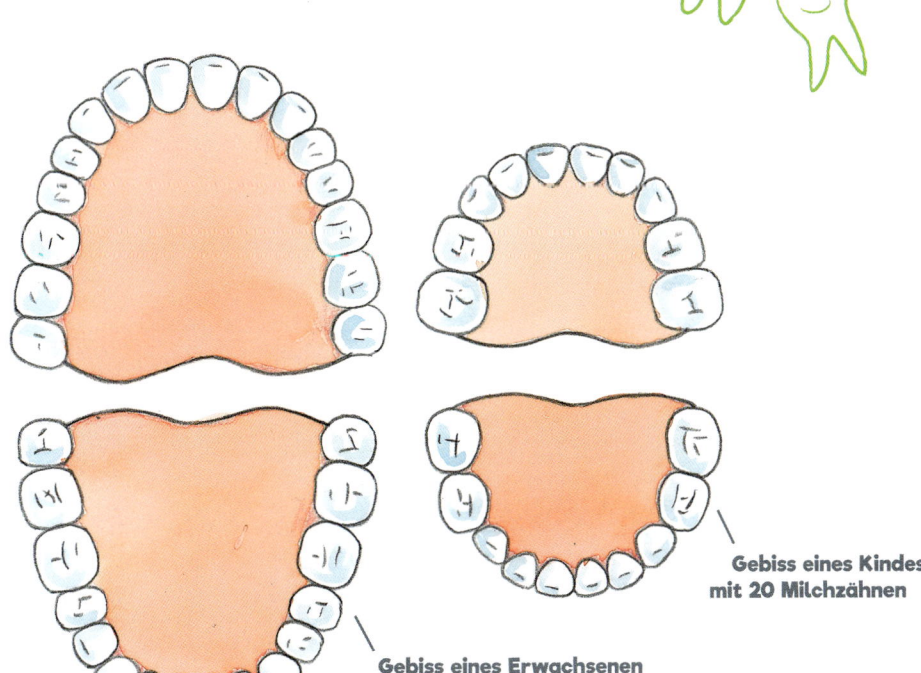

Gebiss eines Kindes mit 20 Milchzähnen

Gebiss eines Erwachsenen mit 32 Zähnen

Wieso wächst ein Knochen wieder zusammen, wenn er gebrochen ist?

Ist dir das schon einmal passiert? Du bist beim Fahrradfahren gestürzt, von einem Klettergerüst gefallen oder auf einer Treppe gestolpert und hast dir dabei deinen Arm oder dein Bein gebrochen. Wachsen Knochen eigentlich von selbst wieder zusammen oder muss man da nachhelfen?

Ein Unfall ist oft ganz schnell passiert – das hast du sicher selbst schon erlebt. Wenn dein Arm oder dein Bein nach einem solchen Unfall schlimm wehtut, dann ist es das Beste, du gehst zum Arzt oder in ein Krankenhaus.

Ist der Bruch jedoch kompliziert, gibt es etwa mehrere Bruchstellen oder hat sich ein Bruchstück verschoben, muss operiert werden. Ein **Chirurg** fügt die Knochenteile wieder zusammen.

Dort wird der betroffene Körperteil zunächst einmal geröntgt.

Dabei wird mit einem **Röntgenapparat** in deinen Körper hineingeschaut und eine Art von Fotografie gemacht, die den gebrochenen Knochen zeigt. Nun kann der Arzt entscheiden, wie der Knochen zu behandeln ist. Wenn der **Bruch** nicht kompliziert, sondern glatt und einfach ist, reicht es aus, wenn dein Arm oder dein Bein mit einem **Gipsverband** ruhig gestellt wird. Denn nur, wenn der **Knochen** nicht mehr bewegt wird, kann er heilen.

Stell dir das vor wie bei einem Puzzlespiel – nur dass es in diesem Fall eben ein Knochen ist, der wieder zusammengesetzt wird. Manchmal braucht der Chirurg dafür sogar besondere Nägel oder Schrauben, damit die Knochen auch zusammenbleiben.

Jetzt kann der Bruch heilen. Aber wie macht der Körper das? Ganz einfach: Er hat eine Art Programm für die Heilung. Ganz egal, ob du dir auf die Zunge beißt, dir in

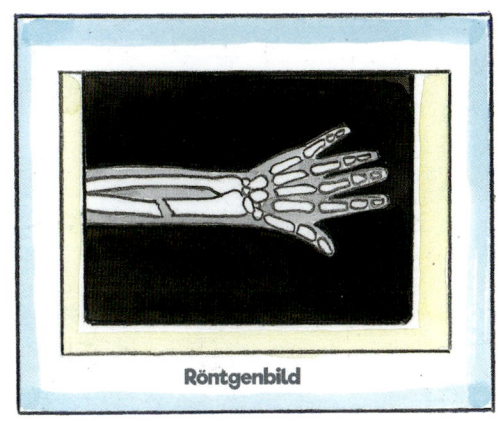

Röntgenbild

den Finger schneidest oder einen Knochen brichst, sofort wird dieses Programm aktiv. Wenn die gebrochenen Knochenteile richtig aneinander liegen, dann bildet dein Körper nach und nach eine **Knorpelmasse.** Das ist ein sehr festes Gewebe, viel fester als ein Muskel, aber weicher als ein Knochen. Ein Knorpel kann aber zu einem Knochen werden. Um die Bruchstelle bildet sich ein dicker Knoten, der die beiden Bruchstücke zusammenhält. Das ist erst der Anfang und noch nicht sehr stabil. Daher musst du als Patient gut aufpassen, deinen gebrochenen Arm oder dein Bein nicht zu bewegen. Dabei hilft dir der Gipsverband. Hat dein Körper

die Knorpelmasse fertig, folgt der nächste Schritt. Nach und nach ersetzt nun der Körper den Knorpel durch festes Knochengewebe. Nach etwa einem halben Jahr ist die Bruchstelle wieder geschlossen. Der Bruch ist verheilt und der Gips kann entfernt werden.

Du siehst, das dauert doch ganz schön lange, bis ein solcher Knochenbruch wieder richtig verheilt ist. Bis es so weit ist und der Gips abgenommen werden kann, hast du viel Zeit, darauf jede Menge Unterschriften zu sammeln!

Warum bekommt man Fieber?

Eine Erkältung kann schon ausreichen. Die Nase läuft, alles tut dir weh, und plötzlich spürst du das Fieber. Vor allem die Stirn fühlt sich heiß an. Was ist da los in deinem Körper?

Säugetiere, Vögel und Menschen erzeugen ihre eigene Körpertemperatur. Und die liegt ungefähr bei 37 Grad Celsius. Ganz egal, ob es warm oder kalt ist, dein Körper hat immer diese Temperatur. Das ist auch gut so.

wie **Bakterien** oder **Viren** in deinen Körper eindringen. Damit sie keinen Schaden anrichten, werden die Bakterien sofort vom **Immunsystem** angegriffen.

Bei 37 Grad Celsius arbeiten deine Organe am besten und du fühlst dich wohl.

Überwacht wird die **Körpertemperatur** von deinem Gehirn, das über wärmeempfindliche Nervenzellen ständig deine Temperatur misst. Besondere Zellen in der Haut übermitteln dem Gehirn die Temperatur der Umgebung. So hat das Gehirn alles im Griff.

Alles also kein Problem, bis zu dem Zeitpunkt, wo Krankheitserreger

Das Immunsystem ist so eine Art Polizei des Körpers, die aus besonderen Zellen und Stoffen besteht. Es versucht, die Bakterien abzutöten. Das gelingt jedoch am besten, wenn die Körpertemperatur etwas höher ist. Zum einen mögen es die Bakterien nicht so warm, zum anderen kann das Immunsystem dann schneller und besser arbeiten. Deshalb sorgt das **Gehirn** dafür, dass die Körpertemperatur ein bisschen höher wird. Statt der üblichen 37 Grad Celsius haben wir nun 38, 39, 40 oder sogar 41 Grad Celsius. Jetzt kann das Immunsystem richtig loslegen und die Bakterien bekämpfen.

Fieberkurve

Leider fühlst du dich dabei matt, schlapp und schlecht. In solchen Fällen ist es oft nicht die beste Idee, wenn man versucht, das Fieber sofort mit **Medikamenten** zu senken. Dein Körper hat das Fieber ja mit voller Absicht herbeigeführt. Wenn du das Fieber unterdrückst, kann die Krankheit länger dauern, denn das Immunsystem braucht dann länger, um die Ursachen der Erkrankung zu beseitigen.

Bleibt das Fieber jedoch über einen längeren Zeitraum hoch und sinkt nicht, musst du zum Arzt. Fieber ist also in den meisten Fällen sinnvoll, denn es hilft mit, eine Krankheit zu heilen. Und jetzt weißt du auch, was dabei in deinem Körper passiert.

Schon gewusst?

Wenn der Körper sich heiß anfühlt, hast du wahrscheinlich Fieber. Aber wie stellt man das fest? Um die Temperatur des Körpers zu messen, braucht man ein Fieberthermometer. Das Messen tut nicht weh, denn zu Hause verwendet man meistens ein Thermometer, das nur kurz ins Ohr gehalten wird, und schon kann man die Temperatur auf einer Anzeige ablesen.

Wieso schlafen einem manchmal die Glieder ein und warum kribbelt es dann?

Du sitzt auf dem Sofa und liest ein Buch. Als es gerade spannend wird, spürst du ein merkwürdiges Kribbeln in deinen Füßen. Sie sind eingeschlafen. Oje, das ist nicht angenehm – wie weckst du deine Füße wieder auf?

Das hast du bestimmt schon selbst erlebt: Du sitzt schief oder über längere Zeit mit untergeschlagenen Füßen, und schon kommt das Kribbeln.

Doch eine Hand oder ein Fuß schläft nicht wirklich ein.

Das sagt man nur so, und jeder weiß, was damit gemeint ist. Aber das ist noch keine Erklärung für das Kribbeln.

Schon gewusst?

Hände und Füße können nicht unabhängig vom restlichen Körper einschlafen. Das Kribbeln kann man daher auch nicht mit einem kleinen Schläfchen vergleichen.

Ganz im Gegenteil, das **Kribbeln** ist ein Zeichen dafür, dass unser Körper hellwach ist. Er merkt nämlich sehr schnell, wenn einer seiner **Nerven** eingeklemmt ist oder von unserem **Blut** nicht genügend mit **Sauerstoff** versorgt wird.

Nerven sind die Nachrichtenleitungen in unserem Körper. Wenn du Kälte oder Wärme spürst, dann leiten die Nerven diese Information an dein **Gehirn** weiter. Das gilt auch für Schmerzen, Hunger, Geräusche, den Geschmack auf deiner Zunge oder die Bilder, die deine Augen sehen – immer leiten

Nerven sie als Nachricht zum Gehirn. Ganz ähnlich wie bei einer Telefonverbindung.

Die Nerven sind also sehr wichtig und dazu noch sehr empfindlich. Um sich zu schützen, haben sie ein eigenes **Alarmsignal.** Die Sache mit dem Kribbeln, das hatten wir ja schon. Der Nerv sagt dir damit, dass er eingeklemmt ist und du deine Körperhaltung ändern musst. Sonst könnte der Nerv geschädigt werden. Und weil das Kribbeln unangenehm ist, änderst du deine Körperhaltung.

Du setzt dich anders hin oder stehst sogar auf. Gleich geht es dem Nerv besser und er kann vom Körper wieder richtig eingesetzt und mit Sauerstoff versorgt

werden. Eine Weile kribbelt es noch, dann fühlt sich die Hand oder der Fuß wieder ganz normal an. Wenn du dich allerdings nicht bewegen würdest, dann würde das Kribbeln immer heftiger, und die Hand fühlt sich irgendwann ganz taub an.

Im schlimmsten Fall könntest du die Hand kaum noch rühren und der Nerv wäre wirklich dauerhaft geschädigt. Aber das macht niemand, vor allem, weil das Kribbeln wirklich sehr unangenehm ist. Wenn du aufstehst und dich ein bisschen bewegst – schon ist es wieder verschwunden.

Genau das wollte dein Körper ja auch erreichen. Das Alarmsignal hat funktioniert!

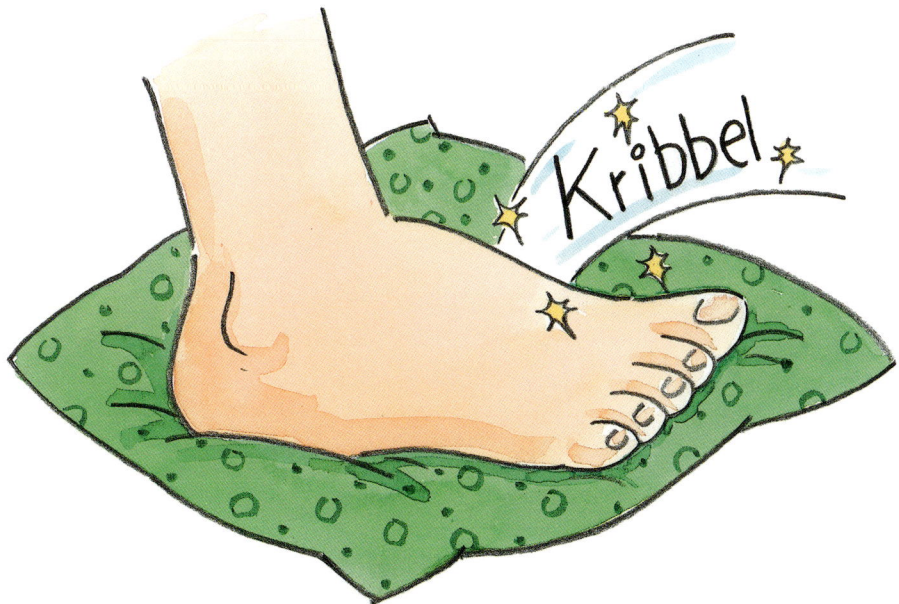

Warum ist Gähnen ansteckend?

Hast du das schon einmal erlebt? Du beobachtest einen Menschen, der gerade gähnt, und schon musst du selbst ebenfalls gähnen. Denn Gähnen ist ansteckend. Aber warum? Ist Gähnen eine Krankheit?

! Nein, mit einer **Krankheit** hat das Gähnen nichts zu tun.

Dafür aber mit Müdigkeit.

Du gähnst zwar auch tagsüber, aber besonders häufig, wenn du abends müde wirst oder morgens gerade aufgewacht bist. Beim morgendlichen Gähnen machen wir noch etwas, auf das wir abends verzichten. Wir strecken uns.

Schon gewusst?

Viele Tiere gähnen und strecken sich vor dem Schlafen und nach dem Aufwachen. Beobachte einmal deinen Hund oder deine Katze dabei, dann siehst du, dass es stimmt.

Wenn du müde bist, zum Beispiel vom Spielen oder vom Fahrradfahren, gähnst du höchstwahrscheinlich. Wenn du dabei mit deiner Familie oder Freunden unterwegs bist, passiert etwas Merkwürdiges: Plötzlich gähnen sie auch. Dazu müssen sie dich allerdings vorher beim Gähnen beobachtet haben. Die Gehirne treffen dann die Entscheidung, auch zu gähnen. Seltsam. Aber warum möchte unser **Gehirn,** dass wir gähnen, wenn wir andere dabei beobachten?

Um das zu verstehen, müssen wir die Zeit ganz weit zurückdrehen. Vor Millionen von Jahren lebten die Vorfahren des heutigen Menschen in Afrika. Sie zogen in kleinen Gruppen durch die Steppe und verständigten sich durch einfache Laute, Blicke, Handzeichen und ihren Gesichtsausdruck. Die

Sprache war noch nicht erfunden. Wurde einer von ihnen müde oder war erschöpft vom vielen Laufen, begann er zu gähnen. Das bemerkten die anderen und gähnten nun ebenfalls. Das war das **Signal** für alle, eine Pause einzulegen.

Aus genau diesem Grund hat die Natur die **Ansteckung** des Gähnens damals erfunden. Wenn nämlich alle Mitglieder einer Gruppe gleichzeitig gähnen, herrscht schnell Einigkeit über das, was man tun möchte.

Dieses Verhalten haben wir bis heute beibehalten. Wir haben es sozusagen von unseren Vorfahren geerbt.

Es gibt aber auch noch andere Situationen, in denen Menschen gähnen. Dazu gehört die **Langeweile.** Unser Gehirn hat dann zu wenig zu tun und zeigt dies durch unser Gähnen an. Auf diese Weise teilen wir unsere Langeweile auch anderen Menschen mit. Wir gähnen aber auch vor Anspannung. Etwa vor einer Prüfung oder einem sportlichen Wettkampf. In diesem Fall versucht das Gehirn, mit der Anspannung umzugehen und sie vielleicht etwas zu mildern.

Du siehst: Die Menschen gähnen also schon seit der **Steinzeit** – daran hat sich nicht viel geändert. Nur die Gründe, weswegen wir gähnen, die haben sich verändert. Ansteckend ist das Gähnen aber immer noch.

Wie kommt der Schlafsand in die Augen?

Kaum wachst du morgens auf, musst du dir auch schon die Augen reiben. Merkwürdige Krümel haben sich in den Augenwinkeln festgesetzt. Könnte dieser Schlafsand vom Sandmann stammen? Oder kommt er ganz woanders her?

Fast jeder Mensch hat morgens Schlafsand in den Augen. Der eine mehr, der andere weniger. Bei manchen Menschen bildet er sogar eine kleine Kruste auf den **Wimpern.** Vermutlich kennst du auch die Geschichte vom Sandmann, der den Kindern Schlafsand oder Schlummerkörner in die Augen streut.

Mit dem Schlafsand in deinen Augen hat der Sandmann nichts zu tun. Den erzeugen nämlich unsere Augen ganz ohne Hilfe eines Sandmanns.

Schon gewusst?

Die Gutenachtgeschichten vom Sandmann wurden schon vor mehreren Hundert Jahren erzählt. Auch in vielen Märchen ist der Sandmann zu finden. Und ins Fernsehen hat er es schließlich auch geschafft. Dort wurde der Sandmann allerdings zum Sandmännchen.

Deine Augen brauchen **Tränenflüssigkeit,** die die oberste Schicht des **Augapfels,** die **Hornhaut,** immer feucht hält. Ohne diese Tränenflüssigkeit kannst du nicht richtig sehen. Diese Flüssigkeit wird von den **Tränendrüsen** erzeugt und von den **Augenlidern** auf der Hornhaut verteilt. Etwa zehn bis zwölfmal pro Minute blinzelst du, und das sorgt dafür, dass die Hornhaut immer feucht ist. Dieses häufige Blinzeln ist notwendig, weil die Tränenflüssigkeit sehr schnell verdunstet.

Das ändert sich, wenn du abends ins Bett gehst und einschläfst. Nun sind die Augen geschlossen und müssen nicht ständig mit neuer Tränenflüssigkeit versorgt werden, denn die verdunstet jetzt auch nicht mehr.

Das gefällt allerdings nicht nur dem Augapfel und den Augenlidern, die sich endlich einmal ausruhen können. Das gefällt auch allen möglichen **Bakterien,** die in der Tränenflüssigkeit leben. Die gelangen durch die Luft zusammen mit anderen Krankheitserregern ins Auge und können Krankheiten hervorrufen. Sie werden während des Schlafs nicht mehr regelmäßig durch das Blinzeln weggewischt, sondern können sich nun munter vermehren. Und in der Tränenflüssigkeit finden sie jede Menge Nahrung. Vermehren sie sich jedoch zu stark, könnten allerdings Entzündungen im Auge die Folge sein. Um das zu verhindern, enthält die Tränenflüssigkeit verschiedene **Salze** und **Eiweißstoffe,** die für Bakterien schädlich sind.

Hinzu kommen auch noch **weiße Blutkörperchen,** die sich auf die Bakterien stürzen und sie auffressen. Das ist allerdings für sie tödlich und sie sterben ab. Aber die Salze, Eiweiße und Blutkörperchen haben ihre Aufgabe erfüllt.

Ein Teil der Tränenflüssigkeit sammelt sich in deinen Augenwinkeln und trocknet dort. Während das Wasser verdunstet, bleiben die Salze, die Eiweißstoffe und die Reste der weißen Blutkörperchen zurück. Nach und nach verklumpen sie zu den kleinen weißen Krümeln, dem Schlafsand.

Der ist also das Überbleibsel des nächtlichen Kampfes zwischen Salzen, Eiweißen und Blutkörperchen auf der einen Seite und Bakterien und anderen Krankheitserregern auf der anderen Seite. Erfolgreich haben die Abwehrkräfte deines Körpers gegen Bakterien gekämpft. Und natürlich gewonnen. Ganz ohne Sandmann.

Einfach
tierisch!

Die meistgestellten Fragen zu Zebras, Glühwürmchen und anderen Tierchen

Wie schnurren Katzen?

Wenn du eine Katze streichelst, die auf deinem Schoß sitzt, dann beginnt sie zu schnurren. Tut sie das auch, wenn du sie ins Ohr kneifst? Wohl kaum. Dann wird sie fauchen und versuchen dich zu kratzen.

Nur Katzen können schnurren. Ganz egal ob es eine kleine Hauskatze, ein schwarzer Panther oder ein ausgewachsener Tiger ist. Große Katzen wie Löwen oder Tiger schnurren allerdings ein bisschen anders als kleine Katzen. Die großen Katzen können nur beim Ausatmen schnurren, die kleinen schaffen das auch beim Einatmen. Daher können sie ununterbrochen schnurren.

Schon gewusst?

Neugeborene Katzen können übrigens noch nicht schnurren. Sie müssen es erst lernen. Am Anfang klingt es auch noch nicht so gut. Bei einigen Kätzchen könnte man sogar meinen, dass sie beim Schnurren stottern.

Aber warum schnurren Katzen überhaupt? Wenn du daran denkst, was passiert, wenn du eine Katze streichelst oder sie ins Ohr kneifst, ist die Antwort nicht schwer:

Die Katze kann allerdings etwas, was du nicht kannst. Wenn die Atemluft über ihre Stimmbänder streicht, fangen sie an zu **vibrieren.**

Sie schnurren, wenn sie sich wohlfühlen.

Aber wie macht die Katze dieses schnurrende Geräusch?

Forscher vermuten, dass die Katze mit ihrem **Kehlkopf** und ihren **Stimmbändern** schnurrt. Also mit den Organen, mit denen wir Menschen sprechen.

Panther

Tiger

Hauskatze

Das heißt, die Stimmbänder bewegen sich sehr schnell hin und her. Stell dir das so ähnlich vor, als würdest du bei Kälte mit den Zähnen klappern. Das Vibrieren der Stimmbänder bringt nun die Luft im Kehlkopf zum Schwingen und es entstehen **Schallwellen.** Der Kehlkopf verstärkt die Schallwellen und ein Brummton entsteht, und das ist nun das beruhigende Schnurren, das Katzenfreunde so gerne hören.

Wenn man es genau nimmt, dann muss man allerdings zugeben, dass Katzen auch schnurren, wenn sie vor der Tür stehen und nicht hereingelassen werden oder wenn sie Hunger oder Schmerzen haben. Sie schnurren sogar, wenn sie alleine sind und niemand sie hören kann. Offenbar hat das **Schnurren** eine beruhigende Wirkung. Die Katze schnurrt, um sich zu trösten, sich zu entspannen und neuen Mut zu schöpfen. Das Schnurren kann also unterschiedliche Gründe haben. Eine Katze hat eben nicht so viele Möglichkeiten, ihre Gefühle zu zeigen und auszudrücken. Sie kann **miauen, fauchen** und schnurren. Mehr geht nicht. Also setzt sie diese wenigen Laute einfach bei den verschiedensten Gelegenheiten ein.

Warum leuchten Glühwürmchen?

Das hast du sicher schon einmal gesehen: In einer warmen Juninacht schweben sie wie winzige Laternen durch die Dunkelheit. Es sind Glühwürmchen, die in der Nacht so hübsch leuchten. Aber wie können sie glühen, ohne zu verbrennen?

Der Name „Glühwürmchen" stimmt eigentlich gar nicht. Erstens glühen sie nicht und zweitens sind sie keine Würmer. Wären sie nämlich Würmer, könnten sie nicht fliegen. Oder hast du schon einmal einen fliegenden Regenwurm gesehen?

Dafür können Käfer fliegen. Wenn du ein Glühwürmchen auf deiner Hand krabbeln lässt, dann wirst du die Ähnlichkeit mit einem Käfer entdecken. Es hat zwei **Fühler,** sechs Beine und auf dem Hinterleib zwei **Flügeldecken.** Flügeldecken schützen bei einem Käfer die **Flügel.** Erst wenn der Käfer fliegen will, öffnet er die Flügeldecken und entfaltet seine Flügel. Fängt das Glühwürmchen in deiner Hand nun an zu glühen, merkst du schnell, dass es nicht wärmer wird.

nicht so bekannt, aber eigentlich stimmt er voll und ganz.

Und jetzt ist auch klar, warum ein Glühwürmchen nicht verglüht. Es erzeugt nämlich keine Wärme wie zum Beispiel ein brennendes Streichholz. Sieh dir den Käfer mal genauer an, und dann wirst du feststellen, dass nicht das ganze Tier leuchtet, sondern nur die Bauchseite des Hinterleibs. Dort befindet sich das **Leuchtorgan** des Käfers.

Das ist ganz ähnlich aufgebaut wie der vordere Teil einer Taschenlampe. Dort befindet sich ein Spiegel, der das Licht nach vorne wirft.

Beim Glühwürmchen besteht dieser Spiegel aus einer hauchdünnen **Salzschicht.**

Glühwürmchen glühen also gar nicht, sie leuchten.

Daher werden sie auch **„Leuchtkäfer"** genannt. Dieser Name ist

Am vorderen Ende ist der Panzer des Glühwürmchens durchsichtig

Wofür brauchen die Leuchtkäfer überhaupt ihr Licht?

Glühwürmchen sind in warmen Sommernächten auf der Suche. Und beim Suchen im Dunkeln ist Licht ziemlich nützlich. Die Glühwürmchen suchen nämlich andere Glühwürmchen. Genauer gesagt suchen männliche Glühwürmchen nach weiblichen Glühwürmchen. Warme Sommernächte sind bestens für eine Käferhochzeit geeignet. Aber die Welt ist groß und die Käfer sehr klein. Doch dank des Leuchtorgans fällt es ihnen leicht, sich in der Dunkelheit zu finden.

wie die Glasscheibe der Taschenlampe. Und dort wo sich bei der Taschenlampe die kleine Birne befindet, da hat das Glühwürmchen eine winzige Kammer, in die es verschiedene Stoffe leitet. Wenn die aufeinandertreffen, verschmelzen sie zu einem neuen Stoff. Bei der Verschmelzung aber bleibt etwas übrig. Man könnte es auch Abfall nennen. Das ist nun nichts Festes oder Flüssiges, sondern Licht. Dieses Licht ist ein kaltes, grünliches und verblüffend helles Licht, wenn man bedenkt, wie klein so ein Glühwürmchen ist. Es misst gerade einmal einen Zentimeter.

Eine tolle Sache, so eine eingebaute Taschenlampe, findest du nicht auch?

Schon gewusst?

Schon lange haben Forscher versucht, das Leuchtorgan des Glühwürmchens nachzubauen, aber so richtig gelungen ist das bis jetzt noch niemandem.

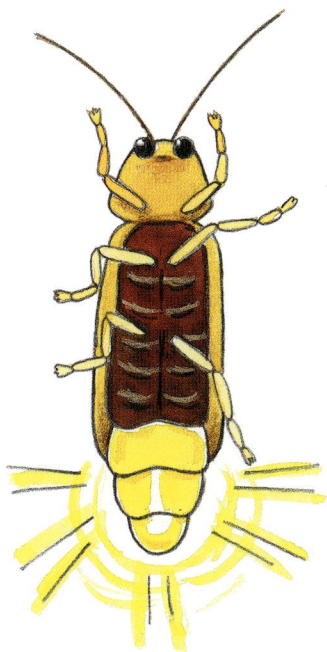

Glühwürmchen
mit Leuchtorgan

Wie kommen Schnecken zu ihrem Haus?

Wenn wir Menschen ein eigenes Haus haben wollen, dann mieten, kaufen oder bauen wir es. Für Schnecken kommt Mieten oder Kaufen nicht infrage. Aber wie sieht es mit dem Bauen aus?

Eine Weinbergschnecke trägt ihr Haus auf dem Rücken. Wie einen Rucksack. Das Haus ist leicht genug, um damit sogar Bäume hinaufzukriechen. Bei Gefahr oder Trockenheit kann sich die Schnecke darin zurückziehen und Schutz suchen. Die Schnecke nutzt das Haus auch, um darin zu überwintern. Um wirklich sicher zu sein, verschließt sie es mit einem Deckel. Sie macht sozusagen die Tür zu und wartet, bis es wieder wärmer wird. Wo aber hat sie das Haus her?

Die Antwort auf diese Frage, erhältst du, wenn du das Leben einer Schnecke verfolgst. Schnecken sind sogenannte **Zwitter,** das heißt, sie sind Männchen und Weibchen zugleich. Jede Schnecke kann sich also mit jeder anderen paaren.

Und da beide Schnecken einen **Penis** und eine **Vagina** haben, befruchten sie sich einfach gegenseitig.

Anschließend legt auch jede Schnecke **Eier,** und zwar in ein zuvor gegrabenes Erdloch. Dort schlüpfen die Schneckenbabys aus ihren Eierschalen. Und selbst ohne Lupe kann man erkennen, dass die Winzlinge bereits ein Schneckenhaus auf ihrem Rücken tragen. Es hat eine so dünne, durchsichtige Wand, dass man das kleine Herz schlagen sehen kann.

Das Schneckenhaus bildet sich also zusammen mit der Schnecke im Ei.

Dieses Haus hat eine glatte Oberfläche und besteht aus **Kalk.** In ihren ersten Lebenstagen fressen die jungen Schnecken die Eierschalen und feuchte Erde. Beides enthält Kalk, den die Schnecke braucht, um an ihrem Haus zu „bauen".

1 Minute

Denn das Haus ist schnell zu klein, da es nicht mitwächst. Daher fügt die Schnecke an der Öffnung des Hauses immer wieder neue und größere Ringe aus Kalk an.

Wenn du dir ein solches Schneckenhaus genau ansiehst, kannst du diese Ringe ganz deutlich sehen. An der Spitze des Gehäuses kannst du noch immer das winzige Haus des Schneckenbabys erkennen.

Manchmal kann es passieren, dass das Schneckenhaus beschädigt wird. Zum Beispiel von einem Vogel, der die Schnecke fressen will und ein Loch in das Gehäuse pickt. Wenn das Loch nicht allzu groß ist, kann die Schnecke es von innen mit einer Kalkschicht reparieren.

Praktisch ist auch, dass sich die Schnecke bei einem solchen Angriff einfach in ihr Schneckenhaus zurückziehen kann. Hier ist ihre weiche Haut gut geschützt.

Schon gewusst?

Wenn eine Schnecke im Schneckentempo vorwärtskriecht, dann schafft sie ungefähr sieben Zentimeter in einer Minute.

Schon praktisch, wenn man sein Haus immer dabeihat und sich dort in Sicherheit bringen kann. Allerdings: Ganz verlassen kann die Schnecke ihr Haus nicht, denn sie ist ja daran festgewachsen.

Kriegen Enten kalte Füße?

Im Winter kannst du immer wieder Enten beobachten, die über zugefrorene Teiche watscheln. Da bekommt man ja schon vom Zusehen kalte Füße! Die Enten aber scheint die Kälte vom Eis nicht zu stören. Warum?

Stell dir vor, du würdest im Winter ohne Schuhe und Socken über blankes Eis laufen. Es dauert gar nicht lange und du hättest starke Erfrierungen und müsstest zum Arzt. Wenn du stehen bleibst, dann würden deine Füße sogar am Eis festfrieren! Denn deine Füße sind ja warm. Sie tauen das Eis ein bisschen auf, kühlen sich aber selbst gleichzeitig ab. Wenn das angetaute Wasser wieder friert, dann sitzt du fest.

Genau das müsste doch eigentlich auch bei einer Ente passieren.

würden sofort erstarren und dann erfrieren. Sie brauchen unbedingt die Wärme der Sonne.

Bei Enten ist das offenbar anders. Aber warum kriegen sie keine kalten Füße? Ganz einfach: weil sie schon kalte Füße haben. Deshalb frieren sie auch nicht auf dem Eis fest. Ihre kalten Füße tauen es nicht auf. Enten können in aller Ruhe über das Eis watscheln. Andererseits sind Entenfüße auch nicht so kalt, dass sie erfrieren könnten. Sie haben nur eine sehr niedrige Temperatur.

Enten sind nämlich, wie alle Vögel und alle Säugetiere, sogenannte Warmblüter.

Sie erzeugen ihre eigene **Körperwärme** und sind nicht von der Temperatur der Umgebung abhängig, wie Insekten oder Reptilien. Daher können Pinguine auch am Südpol leben und Eisbären am Nordpol. Krokodile oder Ameisen könnten das nicht. Sie

Entenfüße unterscheiden sich nicht nur in der Form von Menschenfüßen. Sie werden auch ganz anders durchblutet. Und genau das ist der Grund für die kalten Füße. Wie beim Menschen gelangt über die **Adern** warmes

daher das warme Blut der Arterien abkühlen, während das warme Blut der Arterien das kühle Blut der Venen anwärmt. Auf diese Weise geht dem Körper der Ente fast keine Wärme verloren.

Wärmetauscher nennen Forscher diesen Trick, mit dem die Ente ihre Füße kühlt und ihre Körperwärme behält.

Der Körper der Ente achtet sehr genau darauf, dass das Blut in den Füßen nicht zu kalt wird und gefrieren könnte. So kann der Ente nichts passieren.

Schon sehr praktisch, ein solcher Wärmetauscher. Den hättest du sicher auch gern, wenn du im Winter mit kalten Füßen durch den Schnee stapfst. Aber da ist leider nichts zu machen.

Blut vom Herzen zu den **Glied-maßen,** also auch zu den Füßen. Diese Adern sind die **Arterien.**

Beim Menschen kommt dieses warme Blut in den Gliedmaßen auch an.

Bei einer Ente allerdings nicht. In ihren Beinen und Füßen verlaufen nämlich die Arterien sehr dicht an den **Venen** vorbei. Das sind die Adern, die das Blut aus den Gliedmaßen zurück zum **Herzen** befördern. Bei den Enten ist das Blut in den Venen kühl, da es aus den Füßen stammt, die ja auf dem Eis stehen. Venen und Arte-rien liegen ganz eng beieinander. Das kühle Blut aus den Venen kann

Wärmetauscher im Entenfuß

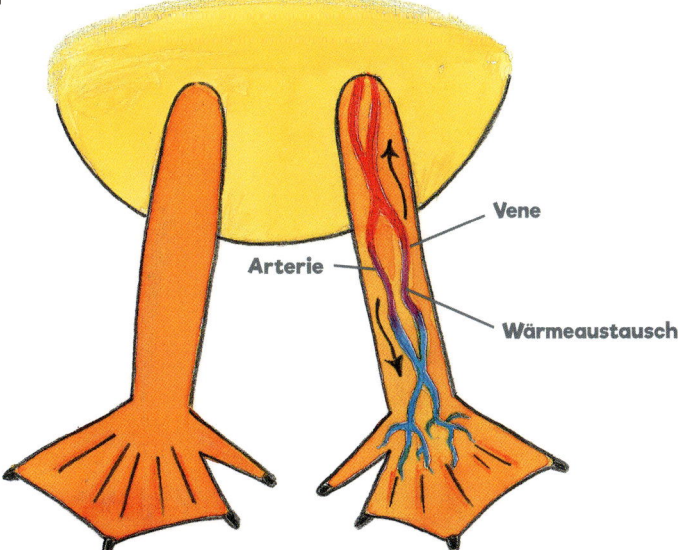

Vene

Arterie

Wärmeaustausch

Warum haben Zebras Streifen?

Ein Zebra würdest du immer erkennen. Die schwarzen und weißen Streifen gibt es so bei keinem anderen Tier. Sogar ein Verkehrszeichen wurde nach diesen Streifen benannt: der Zebrastreifen. Aber warum hat das Zebra diese Streifen?

Zebras sind keine angemalten **Wildpferde,** sondern sie haben ihre Streifen von Natur aus.

Man sieht nur noch Streifen. Diese Erklärung hat jedoch einen Haken.

Also muss die Natur dafür einen guten Grund gehabt haben.

Wahrscheinlich hatte sie nicht nur einen, sondern gleich mehrere gute Gründe, warum sie die Zebras mit Streifen ausgestattet hat. Wissenschaftler haben sich das genau angesehen und einige mögliche Erklärungen zusammengetragen:

1. Zuerst dachten **Biologen,** die Streifen sollten Löwen und andere **Raubtiere** verwirren. Denn sobald viele Zebras zusammenstehen, zum Beispiel an einem Wasserloch, ist es schwer, ein einzelnes Zebra in der **Herde** gut zu erkennen.

Raubtiere haben einen guten Geruchssinn und sind nicht nur auf ihre Augen angewiesen. Außerdem flüchten die Zebras, sobald sich ein Löwe nähert. Und schon sind die einzelnen Tiere wieder leichter zu unterscheiden.

Dennoch glauben einige Forscher, dass die Streifen einen Löwen verwirren und dass Zebras so eine bessere Chance haben, zu entkommen. Die Streifen helfen ihnen also besser zu überleben.

2. Allerdings machen nicht nur Raubtiere Jagd auf Zebras, sondern auch **Tsetsefliegen.** Diese Insekten, die in Afrika sehr verbreitet sind, übertragen mit ihren Stichen sehr

gefährliche Krankheiten. Ihre **Insektenaugen** sind jedoch ganz anders aufgebaut als die Augen von Säugetieren. Tsetse-fliegen können die Streifen der Zebras nicht richtig sehen. Sie können nicht erkennen, wie das gestreifte Fell beschaffen ist, und landen daher erst gar nicht. Die Streifen schützen also vor gefährlichen Stechfliegen.

3. Und es gibt noch eine weitere Erklärung. Tierforscher haben nämlich herausgefunden, dass die Haut von Zebras fast drei Grad Celsius kühler ist als die von Antilopen, die keine Streifen besitzen. Sofort haben sich die Forscher diese Streifen einmal näher angesehen und dabei etwas Erstaunliches entdeckt. Die schwarzen Streifen nehmen mehr Wärme von der Sonne auf und erwärmen gleichzeitig die Luft über den Streifen. Die weißen Streifen nehmen weniger Wärme auf und sorgen so

für etwas kühlere Luft. So entsteht über dem Fell eine dünne **Luftschicht,** die abwechselnd warm und kühl ist. Wir wissen aber, dass Luft immer gleichmäßig temperiert ist. Wie das Wasser in der Badewanne, das aus warmem und kaltem Wasser eine Mischung herstellt. Genau das passiert auch über dem **Fell** der Zebras. Die Luft wirbelt durcheinander. Ein kaum spürbarer Wind entsteht. Der reicht aber aus, um die Haut eines Zebras insgesamt um fast drei Grad Celsius abzukühlen. So kann das Zebra die Hitze in Afrika besser verkraften. Die Streifen dienen als kleiner **Ventilator.**

Ob nur eine dieser Erklärungen stimmt, weiß man noch nicht genau. Es ist aber durchaus möglich, dass alle drei Erklärungen richtig sind. Dann wären die Streifen eine wirklich tolle Erfindung der Natur. Das Zebra hat viel Glück gehabt!

Wie tief kann ein Maulwurf graben?

Maulwürfe leben unter der Erde. Was sie dort genau machen, kannst du nicht sehen. Aber ihre Maulwurfshügel, die kannst du sehen. Sonst wüsstest du gar nicht, dass sie überhaupt da sind. Spannend wäre allerdings schon herauszufinden, was Maulwürfe unterirdisch so machen …

Wenn du viel Glück hast, kannst du einen Maulwurf dabei beobachten, wenn er gerade Erde aus seinen Gängen schaufelt und dabei kurz den Kopf aus seinem **Maulwurfshügel** steckt. Aber das passiert selten, denn Maulwürfe verbringen fast ihr ganzes Leben unter der Erde.

viel Sauerstoff speichern und das bewahrt ihn vor dem Ersticken. Zusätzlich gräbt er auch noch **Belüftungsgänge** an die Oberfläche. Gewöhnlich ist ein Maulwurf etwa einen halben Meter unter der Erde in seinen Gängen unterwegs.

An dieses Leben sind sie bestens angepasst.

Der Kopf ist spitz, der Körper hat die Form einer Dose und ist überall gleich dick. Ohrmuscheln fehlen dem Maulwurf. So passt er mühelos durch seine Gänge und erreicht dort eine Geschwindigkeit von gut 60 Metern in der Minute. Ganz schön schnell!

Bis zu einem Meter tief kann sich ein Maulwurf in den Boden graben. Weil dort die Luft weniger Sauerstoff enthält als an der Erdoberfläche, hat der Maulwurf ganz besonderes Blut. Es kann

Hier ist er sicher vor Störchen, Füchsen, Eulen und anderen Raubtieren. Und hier befindet sich auch das Nest, wo die Jungen aufgezogen werden.

Die Gänge eines Maulwurfs können bis zu 200 Meter lang sein, meistens jedoch sind sie ungefähr 100 Meter lang. Sie führen nicht nur geradeaus, sondern verlaufen auch kurvig und im Kreis.

Unterirdische Gänge in einem Maulwurfsbau

Der Maulwurf kann also Rundgänge unternehmen. Für das Graben eines neuen Ganges braucht er bei weicher Erde für sechs bis sieben Meter ungefähr eine Stunde. Dabei darf man nicht vergessen, dass er die gelöste Erde zu einem Maulwurfshügel schleppen und nach draußen befördern muss. Der neue Gang soll ja nicht gleich wieder verstopfen. Um so schnell vorwärts zu kommen, hat der Maulwurf **Vorderpfoten** wie Schaufeln. Jede Vorderpfote hat nicht nur fünf, sondern sogar sechs Finger. Damit fällt das Graben und Schaufeln noch leichter.

Obwohl Maulwürfe fast blind sind, finden sie sich in ihren unterirdischen Gängen gut zurecht. Sie haben zum Beispiel eine unglaublich gute **Nase,** ein fantastisches **Gehör** und ganz feine **Tasthaare,** mit denen sie die Wände ihrer Gänge erkennen und Erschütterungen, die zum Beispiel von einem Tier verursacht werden, wahrnehmen können.

Unter der Erde ist der Maulwurf ständig unterwegs und legt nur ab und zu mal eine Ruhepause ein. Er braucht nämlich sehr viel **Futter.** Bekommt er einen Tag lang nichts zu fressen, verhungert er. Um das zu verhindern, ist er fast immer auf der Jagd nach Regenwürmern, Käfern, Raupen, Spinnen und anderen kleinen Tieren.

Schon gewusst?

Ein Maulwurf hält keine Winterruhe und keinen Winterschlaf. Sollte es kräftig frieren, zieht er sich in den unteren Teil seiner vielen Gänge zurück. Dort hat er Vorräte angelegt, etwa Regenwürmer, die er mit einem Biss gelähmt hat.

Wie hoch kann ein Vogel fliegen?

Fast alle Vögel können fliegen, die einen besser, die anderen schlechter. Und es gibt unter ihnen auch wahre Künstler und Flugakrobaten.

Die meisten Vogelarten können fliegen.

Sogar unsere Haushühner können fliegen. Allerdings nicht sehr weit und sehr hoch. Aber ein guter Meter ist für **Haushühner** kein Problem. Tja, aber ein Meter ist nicht wirklich rekordverdächtig.

Gut beobachten kann man auch **Mehlschwalben,** die ihre Nester an Hauswände kleben. Eine Mehlschwalbe verbringt sehr viel Zeit in der Luft, weil sie dort Jagd auf Insekten macht. Ihre bevorzugte Höhe liegt dabei zwischen 20 und 50 Metern. Weil sie zu den **Zugvögeln** zählt, fliegt sie im Herbst nach Afrika, wo sie überwintert. Mehrere Tausend Kilometer weit zu fliegen, ist für Mehlschwalben kein Problem.

Noch viel weiter fliegen die **Küstenseeschwalben,** die im Sommer am **Nordpol** leben. Den Winter aber verbringen sie in der Nähe des **Südpols.** Sie müssen also um die halbe Erde

fliegen und legen dabei pro Jahr bis zu 90 000 Kilometer zurück. Ihre Flughöhe beträgt dabei ungefähr 300 Meter. Das klingt schon gar nicht schlecht.

Größere Zugvögel wie die **Kraniche** fliegen in rund 5000 Metern Höhe. Wenn sie Berge überfliegen müssen, erreichen sie aber auch bis zu 7000 Meter. In dieser Höhe ist die Luft schon sehr dünn. Bergsteiger tragen daher in großen Höhen **Sauerstoffmasken.** Vögel brauchen das nicht, denn sie können in ihrem Blut viel mehr Sauerstoff speichern als Bergsteiger. Außerdem fliegen sie ja nicht über einen längeren Zeitraum so hoch.

Manche Wildgänse wurden sogar schon in über 8000 Metern Höhe gesichtet. Sie könnten also durchaus auf dem **Mount Everest** landen, dem mit 8848 Metern höchsten Berg der Erde. Das hat aber bis jetzt noch niemand beobachtet.

Wenn man wissen will, wie hoch Vögel fliegen können, dann muss man die Vögel beobachten können und die Höhe messen. Aber selbst das ist noch kein Beweis, denn wenn ein Vogel in 7000 Metern Höhe beobachtet wird, heißt das noch lange nicht, dass er nicht noch höher fliegen könnte.

Manchmal hilft auch ein Zufall. Am 29. November 1973 krachte etwas in das Triebwerk eines Flugzeugs, als es gerade über Westafrika flog. Der Pilot sah auf seinen Höhenmesser, der genau 11 274 Meter anzeigte. Dann gelang es ihm, die beschädigte Maschine sicher zu landen. Auf dem Flugplatz stellte sich die Frage, was wohl das Triebwerk erwischt hatte. In der zerlegten Düse fanden die Mechaniker fünf Federn und damit auch die Lösung. Das Flugzeug war mit einem Vogel zusammengestoßen. Anhand der Federn konnten Biologen recht schnell feststellen, um welche Vogelart es sich gehandelt hatte. Es war ein **Sperbergeier,** ein Greifvogel, der eine Flügelspannweite von über zwei Metern hat und schon lange als ausgezeichneter Flieger galt. Jetzt weiß man auch, wie hoch er fliegen kann. Bis heute hält der Sperbergeier den Höhenrekord für Vögel.

Über 11 000 Meter – hättest du das gedacht?

Warum können Vögel auf Stromleitungen sitzen, ohne einen Schlag zu bekommen?

Das hast du sicher schon einmal beobachtet: Vögel sitzen offenbar gerne auf Hochspannungsleitungen. Der Strom scheint ihnen nichts auszumachen. Schon interessant, aber warum ist das so?

Für Vögel sind die langen Kabel zwischen den Strommasten eine Art kahler, endloser Zweig, auf dem sie prima sitzen können.

Obwohl in **Hochspannungsleitungen** eine **elektrische Spannung** von bis zu 380 000 **Volt** vorhanden ist. Zum Vergleich: Bei dir zu Hause sind es gerade einmal 220 Volt, die zum Beispiel aus einer Steckdose kommen, und schon die sind lebensgefährlich, wenn man direkt hineinfasst. Merkwürdig. Sind Vögel etwa unempfindlich gegenüber **Strom?** Nein. Strom ist für sie genauso gefährlich wie für uns Menschen. Berührt ein Vogel mit dem Flügel zufällig eine andere **Leitung** oder den **Strommast,** ist er auf der Stelle tot. Nur wenn er auf der Leitung sitzt und sonst nichts berührt, geschieht ihm auch nichts. Strom ist nämlich nur dann gefährlich, wenn er fließen kann. Und um zu fließen,

muss ein Unterschied zwischen der Spannung im **Kabel** und der Spannung in einem anderen Ding vorhanden sein, etwa der Erde oder dem Strommast. Das ist ganz ähnlich wie beim Wasser. Es fließt auch nur, wenn ein Gefälle vorhanden ist.

Der Strom ist also für den Vogel völlig ungefährlich, weil er nur in der Leitung fließt. Durch den Vogel fließt kein Strom. Wohin sollte er auch fließen? Der Vogel ist ja kein Kabel, das irgendwo hinführt. Er endet beim Kopf. Damit der Strom fließen könnte, müsste der Vogel mit einem weiteren Kabel oder der Erde verbunden sein. Etwa mit dem Strommast. Dann wird der Vogel zum Teil einer Leitung. Der Strom fließt jetzt durch ihn hindurch und tötet ihn. Man könnte auch sagen, der Vogel ist eine Sackgasse für den Strom, denn er führt nirgendwo hin.

Woran liegt es, dass manche Hühnereier braun und andere weiß sind?

Anders als früher gibt es heute mehr braune als weiße Eier zu kaufen. Viele Menschen glauben nämlich, dass braune Eier besser und gesünder seien als weiße, und bevorzugen daher die braunen Eier. Gehörst du auch dazu?

Jetzt könntest du auf die Idee kommen, dass die Farbe der Eier etwas mit der Farbe der Hühner zu tun hat. Könnte doch sein.

Aber ein Besuch in einem Hühnerstall zeigt schnell, dass das falsch ist. Denn dort siehst du weiße Hühner, die braune Eier legen, und braune Hühner, die weiße Eier legen. Und umgekehrt. Die Farbe des **Gefieders** hat also nichts mit der Farbe der Eierschale zu tun. Schade.

Könnte es sein, dass ein junges Huhn weiße und ein altes Huhn braune Eier legt? Fehlanzeige. Wenn ein junges Huhn weiße Eier legt, dann legt es sein Leben lang weiße Eier. Und auch am **Futter** liegt es nicht. Ganz egal, was Hühner zu fressen bekommen, ob Getreide oder Salat, an der Farbe der Eier ändert sich nichts.

Erst wenn du dir Hühner näher ansiehst, kommst du der Lösung des Rätsels auf die Spur. Schnell stellst du fest, dass sich die Hühner nicht nur in der Farbe des Gefieders, sondern auch in der Größe und in der Form ihres **Kamms** voneinander unterscheiden. Huhn ist also nicht gleich Huhn, denn es gibt über 100 verschiedene **Hühnerrassen.** Und einige Hühnerrassen legen eben weiße Eier. Sie haben so sonderbare Namen wie Deutsche Sperber, Leghorn oder Bergische Schlotterkämme. Andere Rassen, wie Welsumer, Barnevelder oder Marans, legen dagegen braune Eier.

Die Hühnerrasse entscheidet also über die Farbe der Eier.

Eiersalat
Rührei
SPIEGELEI
OSTEREI
Ei, Ei, Ei
Eigelb
Hühnerei

Haben Hühner einen Bauchnabel?

Alle Menschen haben einen Bauchnabel. Aber auch viele Tiere wie zum Beispiel Pferde, Elefanten, Tiger und Eichhörnchen. Bei Hühnern dagegen kannst du lange suchen. Selbst wenn du sie ohne Federkleid betrachten könntest, würdest du keinen Bauchnabel finden.

Wenn ein Baby geboren wird, hängt es noch an der **Nabelschnur.** Die hat das Kind im Bauch der Mutter mit allen **Nährstoffen** und Sauerstoff versorgt.

Nicht nur Menschen haben einen solchen Bauchnabel, sondern auch alle **Säugetiere** von der Maus bis zum Blauwal. Bei den Tieren löst sich die Nabelschnur übrigens

Die Nabelschur ist also eine Art Versorgungsschlauch, ohne den kein Baby im Mutterleib wachsen kann.

Und weil ein Ungeborenes nicht einfach aufs Klo gehen kann, werden alle Stoffe, die es ausscheidet, auch über die Nabelschnur abtransportiert. Doch sobald das Baby den Bauch der Mutter verlassen hat, braucht es die Nabelschnur nicht mehr. Sie wird mit einer Klammer zunächst abgeklemmt und dann durchgeschnitten.

Das tut nicht weh, denn eine Nabelschnur hat keine Nerven, die Schmerz spüren könnten. Der kleine Rest, der am Bauch des Babys zurückbleibt, vertrocknet nach ein paar Tagen und fällt dann ab. Zurück bleibt der Bauchnabel.

von alleine oder wird von der Mutter durchgebissen.

Hühner sind keine Säugetiere, sondern **Vögel.** Sie bringen keine lebenden Jungen zur Welt, sie legen **Eier,** und zwar ohne Ausnahme. Ein Vogelbaby entwickelt sich nicht im Bauch der Mutter,

wie bei den Säugetieren, es entwickelt sich im Ei. Dazu muss das Ei warmgehalten und **ausgebrütet** werden. Für die Vögel ist das Eierlegen ein großer Vorteil, denn man darf nicht vergessen, dass fast alle Vögel darauf angewiesen sind, jederzeit fliegen zu können. Ein geringes Gewicht ist also besonders wichtig. Deshalb wird die Schwangerschaft von den Vögeln einfach nach außen verlegt. Sie findet im Ei außerhalb des Körpers statt. Das Vogelweibchen kann nach der Eiablage gleich wieder durchstarten, als wäre nichts gewesen.

Beim Ausbrüten wechseln sich bei vielen Arten das Männchen und das Weibchen ab. Manchmal brüten auch nur die Weibchen oder nur die Männchen. Auf keinen Fall darf die **Temperatur** des Eis für längere Zeit unter 34 Grad Celsius sinken. Sonst wird die Entwicklung des Kükens im Ei gestört und es kann sogar sterben. Alle benötigten Nährstoffe sind im Ei enthalten. Bei einigen Arten sind die Eier schon nach zwei Wochen ausgebrütet, bei anderen dauert es viele Wochen. Ist das Küken fertig entwickelt, durchbohrt und durchschlägt es die **Eierschale** und schlüpft aus. Da es nie durch eine Nabelschnur mit dem Körper der Mutter verbunden war, hat das Küken auch keinen Bauchnabel.

Das hat die Natur ganz schön clever eingerichtet.

Zeigen die Punkte auf den Rücken der Marienkäfer ihr Alter an?

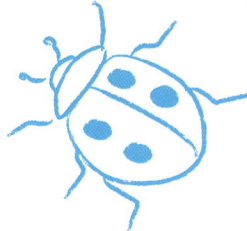

Marienkäfer sind zwar klein, aber dank ihrer roten, orangenen oder gelben Flügeldecken sehr auffällig. Manchmal sind auf den Flügeldecken sehr viele Punkte zu sehen, manchmal gar keine. Was haben diese Punkte zu bedeuten?

Marienkäfer sehen nicht nur niedlich aus, sie gehören hier bei uns auch zu den sehr häufig anzutreffenden **Insekten.** Den ganzen Sommer über krabbeln sie auf Gräsern und Blättern herum.

Um herauszufinden, ob diese Punkte sich mit dem Alter der Käfer verändern, werden wir jetzt einmal den Marienkäfer während seines ganzen Käferlebens beobachten.

Oft kannst du sie auch fliegen sehen.

Sie öffnen dann ihre bunten **Flügeldecken,** unter denen sich ihre zusammenlegbaren **Flügel** befinden. Wenn du mehrere Marienkäfer zusammen siehst, dann wirst du feststellen, wie unterschiedlich die Käfer sind. Das Rot der Flügeldecke ist mal kräftig, mal blass, mal orangefarben, dann wieder gelb. Es gibt sogar Marienkäfer, die fast ganz schwarz sind.

Auch die Anzahl der Punkte auf den Flügeldecken ist verschieden. Neben Käfern ganz ohne Punkt gibt es solche mit zwei, mit sieben, mit 14 oder sogar mit 24 Punkten.

Im Frühling kommen die wenigen Käfer, die in verschiedenen Verstecken überwintert haben, wieder zum Vorschein. Sie paaren sich und das Weibchen legt ab April auf der Unterseite der noch jungen Blätter ihre Eier ab. Die sind winzig und du kannst sie nur mit der Lupe erkennen. Wenn es nicht noch einmal sehr kalt wird, schlüpfen nach etwa einer Woche die ersten Tiere.

Das sind jedoch keine fertigen Käfer, sondern **Larven.** Stell sie dir ein bisschen vor wie die Raupen von Schmetterlingen. Larven tragen oft schon die Farbe der späteren Käfer und gehen sofort auf die Jagd. Denn Marienkäfer sind Raubtiere, auch wenn sie nicht so aussehen. Ihre Beute sind vor allem **Blattläuse,** von denen sie 30 bis 50 am Tag fressen.

Da die feste Haut der Larven nicht mitwächst, häuten sich die Tiere drei- bis viermal, bevor sie sich verpuppen. Dazu kleben sie sich an der Unterseite eines Blattes fest und streifen ein letztes Mal ihre Haut ab. In der sogenannten **Puppe** vollzieht sich in etwa einer Woche die Verwandlung zum fertigen Käfer. Ende Juli oder Anfang August ist es dann so weit. Die Puppenhaut platzt auf und der fertige Käfer kriecht heraus. Noch sind die Flügeldecken weich und müssen trocknen, bevor man die Anzahl der Punkte erkennen kann.

Aber dann steht fest: Der neue Käfer hat genauso viele Punkte wie die Eltern. Ein 14-Punkte-Marienkäfer schlüpft mit 14 Punkten aus seiner Puppe. Bei allen anderen Marienkäferarten ist es nicht anders. Es gibt Arten mit keinen, 2, 4, 5, 7, 10, 11, 13, 14, 16, 17, 18, 19, 22 und 24 Punkten.

Auch das ist ein Beweis dafür, dass die Punkte auf seinen Flügeldecken nichts mit dem Alter des Marienkäfers zu tun haben. Sonst gäbe es ja Käfer, die 24 Jahre alt wären. Die Punkte zeigen lediglich, zu welcher Art von Marienkäfer das jeweilige Tier gehört.

Warum ist die Milch weiß, wenn die Kühe doch immer Grünzeug fressen?

Kühe fressen Gras. Und Gras ist grün. Aber die Milch nicht. Oder hast du schon einmal grüne Kuhmilch getrunken? Bestimmt nicht. Aber wie macht die Kuh aus grünem Futter weiße Milch?

Kühe sind Pflanzenfresser und lieben frisches Gras und frische Kräuter. Im Winter bekommen sie im Stall Heu zu fressen. Spannend ist jedoch, dass Kühe – ganz anders als zum Beispiel Pferde – das Gras nicht nur einmal kauen. Nachdem es im Magen eine Zeit lang verdaut wurde, befördert die Speiseröhre den Grasbrei wieder zurück in das Maul.

Dank der aufwendigen **Verdauung** zieht die Kuh aus dem Futter viel mehr **Nährstoffe** als zum Beispiel ein Pferd. Sie hat übrigens nicht nur einen Magen, sondern gleich vier, den **Pansen,** den **Netzmagen,** den **Blättermagen** und den **Labmagen.** Wenn alle Mägen mit dem Gras fertig sind, bleibt so gut wie nichts mehr übrig.

Dort zerkaut ihn die Kuh ein zweites Mal, und zwar sehr fein.

Schau einmal genau hin; eine Kuh kaut ständig, auch wenn sie gar nichts frisst.

Nachdem sie den Brei wieder heruntergeschluckt hat, wandert er zurück in den Magen, um ein weiteres Mal verdaut zu werden. Dabei wird das Gras vollständig aufgelöst und auch das **Blattgrün** zerstört. Es kann daher auch nicht als Farbstoff in die Milch gelangen.

Schon gewusst?

Um immer genügend Speichel für das trockene Gras und Heu zu haben, trinkt die Kuh mehr als 160 Liter Wasser am Tag! Ein erwachsener Mensch benötigt etwa 2,5 Liter.

Die vier Mägen der Kuh

1 = Pansen
2 = Netzmagen
3 = Blättermagen
4 = Labmagen

vier Prozent sind Fett. Dieses Fett löst sich aber nicht im Wasser auf, wie Zucker oder Salz, sondern bildet unzählige, winzige Tröpfchen.

Außer ein paar Kuhfladen, die die letzten unverdaulichen Reste enthalten.

Ein Teil der aus dem Futter gelösten Nährstoffe wandert mit dem Blut in den Körper der Kuh. Ein anderer Teil wandert in das Euter der Kuh. Dort entsteht in den Milchdrüsen täglich frische Milch, indem Wasser, Fett, Milchzucker, Eiweiße, Vitamine und viele andere Stoffe vermischt werden. Je nach Rinderrasse gibt eine Milchkuh zwischen zehn und 20 Liter Milch am Tag, also zwischen 4000 und 8000 Liter im Jahr. Das ist eine ganze Menge. Und diese Milch ist weiß.

Wie kommt diese Farbe zustande? Warum die Milch nicht grün ist, weißt du ja schon. Aber wie sieht es mit anderen Farben aus? Milch besteht zu etwa 90 Prozent aus Wasser, in dem noch andere Nährstoffe enthalten sind. Etwa

Fällt Licht auf ein Glas Milch, kann es zwar das Glas und das Wasser, nicht aber die Fetttröpfchen durchdringen. An der runden Oberfläche der Tröpfchen wird das Licht wie von einem Spiegel zurückgeworfen. Das Licht der Sonne oder einer Lampe ist eine Mischung aus allen Farben, also aus Rot, Blau, Gelb und so weiter. Fällt Licht auf einen Grashalm oder ein Blatt, verschluckt die Oberfläche alle Farben außer Grün. Nur Grün wird zurückgeworfen und von unseren Augen wahrgenommen. Bei der Milch aber werden alle Farben zurückgeworfen, die zusammen für unsere Augen Weiß ergeben. Daher ist die Milch weiß.

zu **Lande,** zu **Wasser** und in der **Luft**

Die meistgestellten Fragen zu Erde, Weltall und Gewitterwolken

Wie laut war der Urknall?

Das Universum, unser Weltall, war nicht immer da. Es ist vor 13,8 Milliarden Jahren ganz plötzlich entstanden. Und diesen Anfang von allem nennt man „Urknall".

Vor 13,8 Milliarden Jahren gab es noch gar kein **Universum,** sondern nur einen winzigen Punkt. Dieser Punkt war sozusagen der Startpunkt unseres Weltalls. Schlagartig hat der Punkt sich ausgedehnt und plötzlich gab es den **Raum,** die **Zeit** und die **Materie.** So nennt man den Stoff, aus dem alle festen, flüssigen und gasförmigen Dinge bestehen. Sie ist aus winzigen, mit bloßem Auge nicht sichtbaren Bausteinen zusammengesetzt, den **Atomen.** Die **Energie,** die ebenfalls entstand, ist die Kraft, die alles im Weltall in Bewegung hält.

! Diesen Start oder Beginn des Universums nennen die Forscher „Urknall".

Das klingt für uns heute nach einer gewaltigen Explosion, die man normalerweise hören kann. Aber vor dem Urknall gab es ja noch keinen Raum, keine Zeit, keine Materie, keine Energie, und deshalb gab es auch keine **Schallwellen,** also keine Geräusche, die man hören

konnte. Und damit ist klar: Man hätte den Urknall gar nicht hören können, weil er nämlich nicht das kleinste Geräusch gemacht hat!

In den ersten drei Minuten nach dem Urknall entstanden die ersten Atome. Aus Atomen bestehen alle Stoffe und Dinge im Weltall, also auch alle Sterne, Planeten und wir Menschen. Eben alles, was wir als „Materie" bezeichnen. Erst eine Million Jahre nach dem Urknall entstanden aus gigantischen Gaswolken die ersten **Sterne** und später die ersten **Galaxien.** Das sind Ansammlungen von vielen Milliarden von Sternen. Auch unsere Milchstraße ist so eine Galaxie.

Aber woher wissen wir das alles? Der berühmte deutsche Physiker **Albert Einstein** erkannte nach langer Forschungsarbeit im Jahr

1915, dass der Raum und die Zeit nicht so beschaffen sind, wie wir sie aus dem Alltag kennen.

Eigentlich denkt man ja, dass ein Raum und die Zeit immer gleich bleiben und sich nicht verändern. Eine Stunde ist immer eine Stunde und ein Zimmer bleibt immer gleich groß, morgens, mittags und abends. Das stimmt zwar hier auf unserer kleinen Erde, aber nicht im riesengroßen Universum.

Albert Einstein hat nämlich entdeckt, dass Raum und Zeit ganz eng zusammengehören und nicht voneinander zu trennen sind, so wie wir es im Alltag gerne tun.

Andere Physiker konnten bald darauf nachweisen, dass sich die Sterne und Galaxien sehr schnell bewegen. Auch unsere Milchstraße rast mit unvorstellbarer Geschwindigkeit durchs All.

Aber in welche Richtung bewegen sich Sterne und Galaxien? Auch hierfür fanden die Physiker eine Erklärung: Sie fliegen auseinander. In alle Richtungen, aber von einem zentralen Punkt aus. Das bedeutet, dass sich das Universum ausdehnt und immer größer wird.

Albert Einstein

Doch wenn das Universum immer größer wird, dann war es früher kleiner. Du erinnerst dich noch an den winzigen Punkt, von dem wir am Anfang des Kapitels gesprochen haben? Genau. Der Punkt, der sich schlagartig ausgedehnt hat. Die Physiker haben also die Geschwindigkeit der Sterne genau gemessen und den Startzeitpunkt berechnet. Dabei kam heraus, dass unser Universum vor 13,8 Milliarden Jahren entstanden ist. Kann man sich gar nicht vorstellen, so lange ist das her!

Seitdem dehnt sich das Universum immer weiter aus und die Galaxien entfernen sich voneinander. Ob diese Ausdehnung eines Tages ein Ende findet, wissen wir auch noch nicht. Erleben werden wir es auf keinen Fall, denn das wird noch viele Milliarden Jahre dauern.

Wie ist die Erde entstanden?

Planeten gibt es in rauen Mengen. Allein in unserer Milchstraße sind es mehrere Milliarden. Zudem entstehen ständig neue Planeten. Ganz so wie die Erde vor 4,6 Milliarden Jahren. Aber wie entsteht ein Planet? Und wie ist unsere Erde entstanden?

Das **Universum** ist nicht so leer, wie es scheint. Es gibt nämlich nicht nur **Sonnen, Planeten, Monde** und **Kometen,** sondern auch große Mengen an Gas. Es stammt aus der Entstehungszeit unserer Milchstraße vor 13,6 Milliarden Jahren.

entstanden, und zwar vor 4,6 Milliarden Jahren. Und das muss man sich so vorstellen:

In so einer Gaswolke ist das Gas immer in Bewegung oder wird durch Sternenexplosionen in Bewegung versetzt. Denn Sterne

Unsere Milchstraße ist also kurz nach dem Urknall vor 13,8 Milliarden Jahren entstanden.

Wie das mit dem Urknall vermutlich abgelaufen ist, haben wir ja schon im letzten Kapitel erklärt.

Einige Gase sind Reste von alten, explodierten Sternen. Andere Gase sind Überbleibsel des Urknalls. Aus diesen verschiedenen Gasen können neue Sonnen und Planeten entstehen.

Auch unsere Sonne, unsere Erde und die anderen Planeten unseres **Sonnensystems** haben sich aus einer solchen **Gaswolke** gebildet. Sie sind also gemeinsam

können am Ende ihrer Entwicklung, wenn ihre Energie verbraucht ist, explodieren. Dabei werden große Mengen Gas ins All geschleudert. Die Gaswolke dreht sich dabei wie ein Karussell und nimmt die Form einer Scheibe an. Einzelne Gasteilchen, **Moleküle** genannt, stoßen aneinander und kleben zusammen. So entstehen nach und nach kleine Staubteilchen, die dann wieder

zu sandkorngroßen Körnern verklumpen. Mit der Zeit werden sie immer größer. Gleichzeitig nimmt ihre **Anziehungskraft** zu. Die größeren Brocken ziehen die kleinen an, bleiben aneinander kleben und werden so noch größer.

Der größte Brocken aber wächst im Mittelpunkt des Karussells. Dort sammelt sich der leichte **Wasserstoff,** das ist das häufigste Gas-Element im Universum. Aus dem Wasserstoff im Mittelpunkt wird die Sonne. Sie ist schließlich so groß, dass ihr Druck den Wasserstoff in ein anderes Gas, nämlich in Helium umwandelt. Dabei werden Licht und Hitze erzeugt. Die Sonne fängt an zu glühen und tut dies bis heute. Sie ist so groß, dass unser Sonnensystem eigentlich fast nur aus ihr besteht. Alle anderen Brocken, die sie umkreisen, also unsere Erde und andere Planeten, **Asteroiden** und **Kometen** zusammen machen nicht einmal ein halbes Prozent aus.

Sehen wir uns diese „Brocken", die die Sonne umkreisen, doch einmal genauer an: Sie bestehen nicht aus Wasserstoff, sondern aus festen Stoffen wie Eisen oder Kupfer. Aus anderen Stoffen, etwa aus Silizium, Kalium, Aluminium, Natrium,

bilden sich Gesteine. Die Schwerkraft ist schließlich schuld daran, dass sich aus diesen ganz dicken Brocken Kugeln formen. Wie die Erde. In ihrer Mitte haben sich die schweren Stoffe angesammelt, im äußeren Mantel die leichteren. Aber fertig war die Erde noch lange nicht, denn über Millionen von Jahren war sie einem Bombenhagel von kleineren Brocken ausgesetzt, die ebenfalls in der Bahn der Erde unterwegs waren. Diese Brocken waren Überbleibsel aus der Anfangszeit, die nicht zu Planeten geworden sind.

Die **Erdkruste** war nach diesem Zusammenstoß natürlich glühend heiß und brauchte viel Zeit, um sich abzukühlen. Aus den Gasen, die dabei aufgestiegen sind, hat sich unsere Lufthülle gebildet, die **Atmosphäre.** Wasserdampf wurde zu dicken Wolken. Als die Kruste dann abgekühlt war, hat es zu regnen begonnen. Der erste **Ozean** hat sich gefüllt.

Noch immer sind viele Brocken, die um die Sonne kreisten, auf der Erde und anderen Planeten eingeschlagen. Diese Reste aus der Entstehungszeit des Sonnensystems sind mit der Zeit allerdings weniger geworden. Vor rund vier

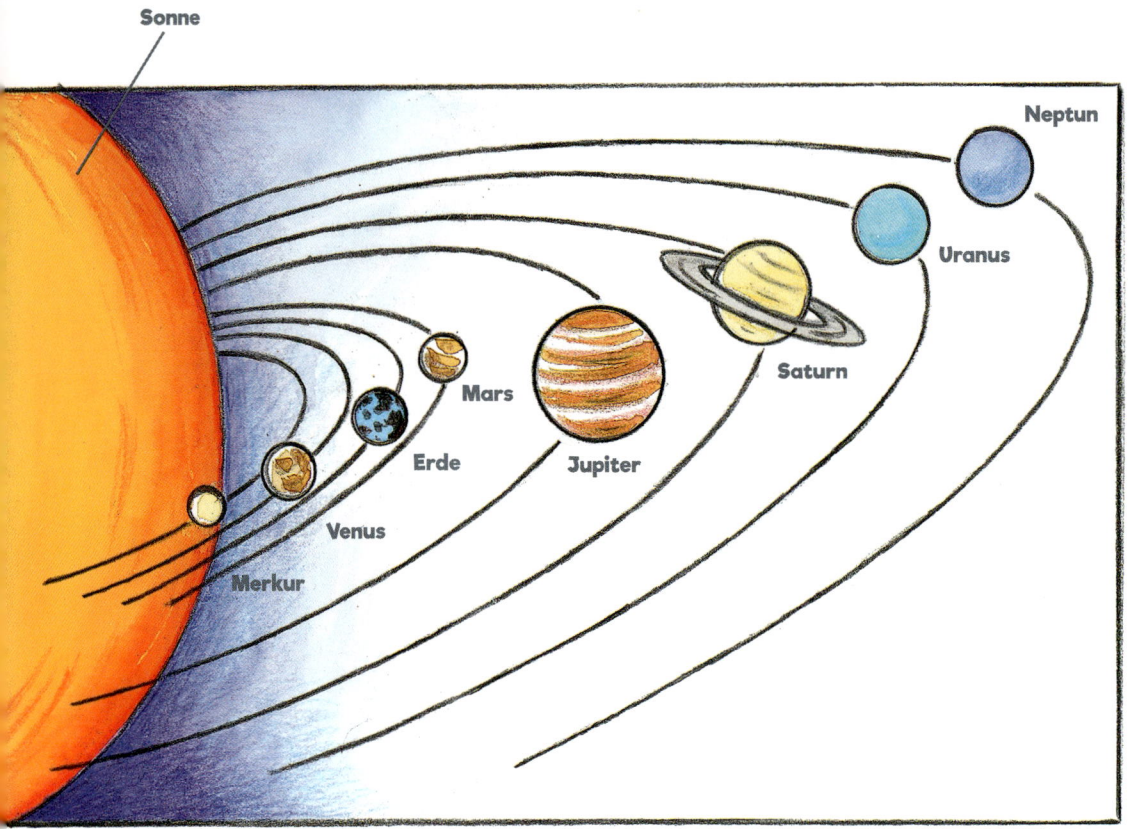

Milliarden Jahren haben sich dann die ersten einfachen **Lebewesen** entwickelt. Wahrscheinlich haben heiße Quellen am Meeresboden dafür gesorgt, dass sich verschiedene, im Wasser schwebende Stoffe verbunden haben. Aus diesen Stoffen haben sich dann die ersten winzig kleinen Lebensformen, die **Bakterien,** entwickelt.

Noch wissen wir nicht, ob es auch auf anderen Planeten Leben gibt. Fest steht aber, dass es in unserer Milchstraße 100 Milliarden Sterne gibt. Viele von ihnen werden, wie unsere Sonne, von Planeten umkreist. Einige davon, so glauben Wissenschaftler, ähneln sehr stark der Erde, sodass auch dort Leben entstanden sein könnte. Derzeit kennen wir aber nur einen belebten Planeten: die Erde.

Also: Vielleicht gibt es ja wirklich noch andere Lebewesen, irgendwo da draußen im Universum. Könnte doch sein.

Wie heiß ist es in einem Vulkan?

Wenn ein Vulkan ausbricht, schießen heiße Gase und glühende Lava in die Luft. Kein Mensch oder Tier könnte das aushalten, so heiß ist das. Also nichts wie weg!

Vulkane sind keine gewöhnlichen Berge. In ihrem Inneren gibt es jede Menge Spalten, Schlote und Kanäle, durch die **geschmolzenes Gestein** aus tiefen Erdschichten an die Erdoberfläche gelangt.

steht ein Vulkanausbruch kurz bevor. Solange sich das flüssige Gestein im Inneren des Vulkans befindet, nennt man es **Magma.** Sobald das Magma den **Vulkankrater** erreicht hat, also an die

Denn nur die Erdkruste besteht aus festem Gestein.

Sie ist ungefähr 50 Kilometer dick und bildet die Erdoberfläche, auf der wir leben. Aber gleich darunter liegt der Erdmantel, der etwa 2800 Kilometer dick ist. Dort unten herrscht eine Temperatur von bis zu 2000 Grad Celsius. Noch heißer ist es dann im Erdkern, nämlich über 6000 Grad Celsius. So heiß ist es auch an der Oberfläche der Sonne. Aber im Inneren der Erde ist es nicht nur heiß. Die **Erdkruste** und der **Erdmantel** sind unvorstellbar schwer und üben einen großen Druck auf das flüssige Gestein in der Tiefe aus. Wenn nun flüssiges Gestein aus dem Erdmantel mit gewaltigem Druck durch die **Vulkanschlote** an die Erdoberfläche gepresst wird, dann

Erdoberfläche kommt, ändert es seinen Namen und wird zur **Lava.** Das hat gute Gründe, denn das Magma verändert sich, sobald es mit der kühleren Luft in Berührung kommt. Deshalb haben Forscher entschieden, es anders zu nennen, sobald es den Krater verlässt.

Im Krater ist es orangegelb glühend und hat eine Temperatur von bis zu 1200 Grad Celsius. Das ist so heiß wie mitten in einer Flamme. Wenn die Lava den Krater verlässt, verändert sich ihre Farbe. Sie sieht jetzt rotschwarz aus und kühlt auch langsam ab. Trotzdem hat sie noch immer eine Temperatur von ungefähr 800 Grad Celsius. Das ist viermal so heiß wie ein Backofen.

Wie entstehen Sternschnuppen?

Wenn du in einer sternenklaren Nacht zum Himmel schaust, kannst du mit etwas Glück eine Sternschnuppe beobachten. Oft dauert das Schauspiel nicht länger als eine Sekunde. Doch trotz ihres Namens ist eine Sternschnuppe kein Stück von einem Stern.

Eine Sternschnuppe ist ein winziges Körnchen aus dem Weltall, das beim Flug durch die Lufthülle der Erde, die wir **Atmosphäre** nennen, verglüht. Doch woher kommen diese Körnchen?

Das Weltall sieht zwar leer aus, ist es aber nicht. Es ist zwar luftleer, aber hier und da fliegen Brocken aus Metall, Eis oder Gestein herum. Die stammen sehr oft von **Kometen.** Das sind Himmelskörper aus Eis, Staub und Steinen, die in großen und lang gezogenen Bahnen ebenfalls die Sonne umkreisen. Aber im Gegensatz zur Erde dauert es bei einem Kometen manchmal 100 oder sogar 200 Jahre, bis er ein einziges Mal die Sonne umkreist hat. Je näher er der Sonne dabei kommt, desto heftiger wirkt die Sonnenstrahlung auf den Kometen. Sie löst Teile von dessen Oberfläche ab, sodass der **Kometenschweif** entsteht, den man auf Fotos oft sehen kann.

Die meisten dieser Teilchen, **Meteoroiden** genannt, sind nicht größer als ein Millimeter. Ist der Komet wieder verschwunden, schweben diese Teilchen noch immer durchs All. Kreuzt jetzt die Erde auf ihrer Bahn um die Sonne die Bahn dieser Meteoroiden, stürzen viele von diesen Teilchen auf die Erde. Ihre Geschwindigkeit ist riesig. 50 Kilometer in der Sekunde und schneller. Das schafft nicht einmal eine Rakete.

Treten diese Meteoroiden in die Erdatmosphäre ein, dann entsteht eine enorme Hitze, weil sich die Körnchen an der Luft reiben. Die Meteoroiden fangen an zu glühen, zu leuchten und lösen sich schnell in Rauch auf. Nichts bleibt von ihnen übrig. Außer natürlich einer Leuchtspur, die sie beim Verglühen am Himmel hinter sich herziehen. So werden sie zu **Sternschnuppen.**

herum. Durchfliegt die Erde einen solchen Schwarm, dann kann es regelrecht Sternschnuppen regnen. Und weil man aus Erfahrung genau weiß, wann dies passiert, lohnt es sich, an bestimmten Tagen den Nachthimmel zu beobachten. Mit etwas Glück kann man mehrere Sternschnuppen gleichzeitig sehen.

Aber nicht immer sind diese Meteoroiden alleine unterwegs. In den Resten der Kometenschweife, die um die Sonne kreisen, fliegen Millionen dieser winzigen Körnchen gemeinsam

Wenn du eine **Sternwarte** oder ein **Planetarium** in deiner Nähe hast, dann kannst du dort sicher nachfragen, wann man bei klarem Himmel besonders viele Sternschnuppen beobachten kann.

Wie kommt das Salz ins Meer?

Wenn du schon mal im Meer gebadet hast, dann weißt du, dass Meerwasser salzig schmeckt. Das Wasser von Bächen, Flüssen oder Seen schmeckt dagegen nicht salzig. Gibt es dafür eine Erklärung oder ist das ein Zufall?

Nein, das ist kein Zufall. Es hat allerdings sehr lange gedauert, bis es überhaupt Meere gab, die salzig werden konnten. Als die Erde vor ungefähr 4,6 Milliarden Jahren entstanden ist, war sie zunächst eine glühende Kugel. Es hat etwa 200 Millionen Jahre gedauert, bis sich diese Kugel so weit abgekühlt hatte, dass sich aus dem aufsteigenden **Wasserdampf** in der kühleren Luft **Regenwolken** bilden konnten.

nennen, war ganz am Anfang noch nicht salzig. Denn der Regen, aus dem er entstanden ist, war auch nicht salzig. Das hat sich aber bald geändert, denn das **Gestein** auf dem **Meeresboden** enthielt ziemlich viel Salz. Und weil sich Salz in Wasser auflöst, wurde das Meerwasser ganz allmählich salzig.

Aber es kam noch mehr Salz ins Meer, weil der Regen auf dem **Festland** in den Boden sickerte

Und eines Tages fing es dann tatsächlich an zu regnen.

Wie lange es geregnet hat, weiß man nicht genau, es waren aber sicher viele Jahrtausende. Der Regen hat schnell Bäche und Flüsse gebildet und die tiefer gelegenen Gebiete überflutet. So sind die Ozeane entstanden. Damals war es allerdings noch ein **Riesenozean,** der einen einzigen Riesenerdteil umspült hat. Das Wasser des jungen Riesenozeans, den Wissenschaftler **Panthalassa**

und die dort im Gestein eingelagerten Salze auflöste. Bäche und Flüsse beförderten diese gelösten Salze anschließend Richtung Ozean. Das ist auch heute noch so. Allerdings sind die Mengen so klein, dass man dieses aus dem Boden gespülte Salz nicht schmecken kann. Es wird von den Flüssen ins Meer gespült und sammelt sich dort.

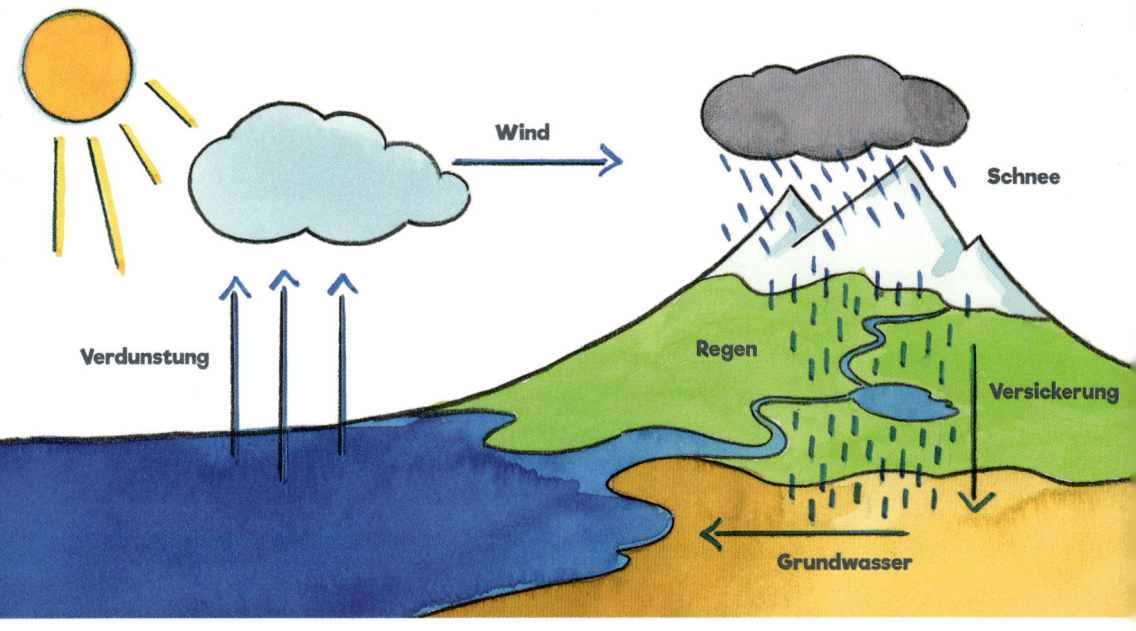

Wenn die Sonne scheint und das Wasser der Ozeane verdunstet und Wolken bildet, steigt nur reines Wasser als Wasserdampf auf. Das Salz ist zu schwer und bleibt im Meer zurück.

Inzwischen ist der Salzgehalt der Ozeane auf 3,5 Prozent angestiegen. Das heißt: In einem Liter Meerwasser sind also 35 Gramm oder etwa drei Teelöffel Salz enthalten.

Schon gewusst?

Wenn man alles Salz aus den Ozeanen herausholen würde, dann könnte man damit alle Erdteile mit einer Schicht Salz bedecken, die etwa 150 Meter hoch wäre.

Auf dem Festland und dem Meeresgrund ist aber noch viel Salz im Gestein enthalten. Das Meerwasser wird daher weiterhin mit Salz versorgt und im Laufe der nächsten paar Jahrmillionen noch ein bisschen salziger werden. Das merken wir allerdings nicht, denn in der für uns vorstellbaren Zeit bleibt der Salzgehalt im Meer ungefähr gleich.

Für uns Menschen ist das salzige **Meerwasser** übrigens nicht geeignet. Wenn wir es trinken würden, bekämen wir noch mehr Durst, da das Salz unserem Körper Wasser entzieht. Wer Meerwasser trinkt, verliert also Wasser, anstatt dem Körper Wasser zu geben. Es ist also viel gesünder, **Süßwasser** zu trinken. Das schmeckt auch besser.

Warum hört man das Meer in Muscheln rauschen?

Wenn du deine Ferien am Meer verbringst, sammelst du bestimmt auch gern am Strand Muscheln und Schnecken. Und wenn du eine solche Schale an dein Ohr hältst, hörst du das Meer rauschen. Aber wie kommt das Meeresrauschen in die Muschel?

An den meisten Stränden liegen sie einfach so herum: die leeren Schalen von **Muscheln** und **Meeresschnecken.** An der Nordsee findest du zum Beispiel Herzmuscheln, Austern, Miesmuscheln und die länglichen Schwertmuscheln. Wenn du diese Muschelschalen allerdings an dein Ohr hältst, wirst du nicht viel hören. Die Schalen sind zu klein und zu flach.

Ganz anders hört sich das beim Gehäuse von Meeresschnecken an.

An der Nordsee findet man häufig die Gehäuse der Wellhornschnecke. Das ist eine relativ große Meeresschnecke. Auch an den Stränden anderer Meere kann man die Gehäuse von großen Meeresschnecken finden. Und wenn du dir die an dein Ohr hältst, hörst du ein merkwürdiges Rauschen, das wie das Rauschen des Meeres klingt.

Haben die beiden etwas miteinander zu tun? Meeresschnecke – Meeresrauschen? Nein, leider nicht! Ersetzt du nämlich das **Schneckenhaus** durch ein Trinkglas oder eine Vase, ist das rauschende Geräusch ebenfalls zu hören.

Vielleicht stammt das Geräusch ja aus deinem Ohr?

Hörst du womöglich dein eigenes Blut rauschen?

Nein, das ist leider auch nicht die Lösung des Rätsels. Denn dein Blut fließt lautlos durch deine Adern. Dein Herz kannst du hören, deinen Atem, nicht aber das Blut.

Das Rauschen muss also einen anderen Grund haben.

Den findest du in einem sogenannten **schalltoten Raum.**
Das ist ein Raum, in dem man absolut kein Geräusch von außen
hört. Es ist vollkommen still. Einen
solchen Raum braucht man, um
zum Beispiel die genaue Lautstär-
ke von Geräten zu testen. Diesen
findet man nur in ganz bestimmten Forschungseinrichtungen.

Hältst du nun in einem solchen
Raum ein Meeresschneckenge-
häuse an dein Ohr, ist das Rauschen plötzlich verschwunden. Vor
der Tür aber, wo wieder verschiedene Geräusche zu hören sind, ist
auch das Rauschen wieder zurück.
Ohne Geräusche aus der Umgebung also kein Rauschen aus dem
Muschelgehäuse.

Die vielen verschiedenen Geräusche aus deiner Umgebung
dringen in die Muschel ein und
bringen dort die eingeschlossene
Luft zum Schwingen. Die eingefan-
genen Geräusche können aber das
Schneckenhaus nur durch die Öffnung wieder verlassen. Im Inneren
fliegen sie immer hin und her und
werden von jeder Wand wieder
zurückgeworfen. Stell dir das vor
wie ein **Echo** im Gebirge, nur auf
engstem Raum. Aus den vielen Ge-
räuschen unserer Umgebung entsteht das Rauschen, das nichts mit
dem Meer zu tun hat, auch wenn
es dich daran erinnert.

Warum haben wir vier Jahreszeiten?

Im Frühling werden die Tage länger und die Bäume grün. Im Sommer reift das Getreide und du gehst baden. Im Herbst fallen die Blätter und es wird kühler. Im Winter sind die Tage kurz und es friert. Aber warum ist das so?

Jahreszeiten sind bei uns so selbstverständlich wie Tag und Nacht oder oben und unten.

Seit vielen Jahrtausenden bestimmen sie das Leben der Menschen.

Denn die Jahreszeiten legen fest, wann gesät und wann geerntet wird. Ein Bauer kann nicht einfach im September auf seinen Feldern säen und im März darauf seinen Weizen ernten. Er muss sich nach den Jahreszeiten richten. Das gilt auch für den Alltag. Im **Sommer** tragen wir andere Kleidung als im **Winter.** Im Winter brauchen wir Holz, Gas oder Heizöl, um es warm zu haben. Im Sommer sind wir oft dankbar für einen kühlen Schatten. An den Jahreszeiten kommt also niemand vorbei. Nur: Warum haben wir überhaupt Jahreszeiten?

Verantwortlich dafür ist unsere **Erde** selbst. Sie dreht sich nicht nur um die eigene Achse, sie kreist auch um die **Sonne.** Für eine Umkreisung benötigt sie 365 Tage, also ein Jahr. Sieht man sich ihre Bahn an, erkennt man, dass sie nicht kreisförmig ist, sondern **elliptisch.** Das heißt, die Bahn hat die Form wie ein flaches Hühnerei. Deswegen ist die Erde der Sonne im Sommer etwas näher als im Winter.

Könnte das die Erklärung sein? Nein, auch das reicht noch nicht, denn der Entfernungsunterschied zwischen Sommer und Winter ist nicht groß genug, um Jahreszeiten zu erzeugen.

Aber da gibt es ja noch die **Erdachse.** Das ist keine richtige Achse wie bei einem Wagen. Es ist eine gedachte Achse, um die sich die Erde dreht. Das kennst du vielleicht von einem **Globus.** Die Erdachse ist nicht gerade,

 Frühling  Sommer  Herbst  Winter

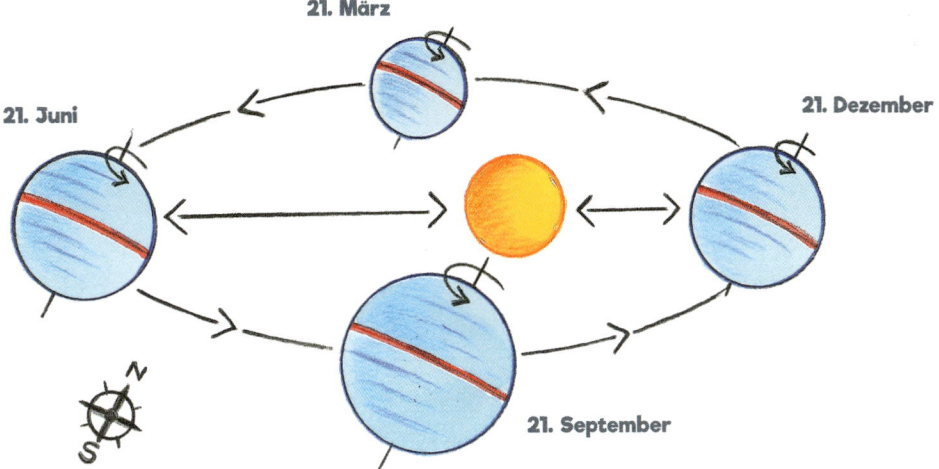

21. März

21. Juni

21. Dezember

21. September

sondern geneigt. Diese Neigung behält sie während ihrer Umkreisung der Sonne immer bei. Ganz egal, wo sich die Erde gerade befindet, immer ist die Achse in dieselbe Richtung geneigt.

Im Sommer sorgt die Neigung dafür, dass die **Nordhalbkugel** der Erde sich stark der Sonne zuwendet. So erhält die Nordhalbkugel, auf der auch Deutschland liegt, viel mehr Sonnenlicht als die **Südhalbkugel,** die sich fast ein bisschen vor dem Sonnenlicht verbirgt. Im Winter ist es genau umgekehrt. Durch die Neigung der Achse erhält die Nordhalbkugel weniger Sonnenlicht, während nun die Südhalbkugel bevorzugt wird. Somit haben Nord- und Südhalbkugel dank der schiefen Achse entgegengesetzte Jahreszeiten.

Die schiefe Achse ist übrigens auch für die Länge der Tage verantwortlich. Durch die Neigung der Erde ist die Sonne im Sommer auf der Nordhalbkugel viel früher am Tag zu sehen, die Sonne geht also früher auf. Im Winter ist sie dafür später zu sehen, sie geht also später auf. **Herbst** und **Frühling** werden ebenfalls durch die Neigung der Achse hervorgerufen. In diesen beiden Jahreszeiten erhält die Nordhalbkugel weniger Sonnenlicht als im Sommer, aber mehr als im Winter. Da die Tage im Frühling länger werden, wird es auch wärmer, im Herbst werden die Tage kürzer und es wird kühler.

Also, noch einmal zusammengefasst: Nicht die Sonne allein, sondern die Erdachse sorgt für die Jahreszeiten.

Wie entsteht ein Regenbogen?

Du hast bestimmt schon einmal einen Regenbogen gesehen, oder? Sieht toll aus, wenn am Himmel plötzlich so viele Farben leuchten – das gibt's nicht jeden Tag. Aber wie kommt der Regenbogen an den Himmel?

Ohne **Regen** kein Regenbogen. Das verrät schon der Name. Bei blauem Himmel ohne Wolken gibt's keinen Regenbogen. Es muss also regnen, damit du den Bogen sehen kannst.

Nur dann siehst du die Regenbogenfarben, und zwar in dieser Reihenfolge von außen nach innen: Rot, Orange, Gelb, Grün, Blau und Violett. Diese Farben sind alle im Licht der Sonne enthalten.

Aber Regen allein reicht nicht aus.

Denn dann müsste ja bei jedem Schauer ein Regenbogen zu sehen sein, und zwar ununterbrochen. Ist er aber nicht. Du kannst bei Regenwetter stundenlang aus dem Fenster schauen und kein Regenbogen lässt sich blicken. Sobald die Wolken aber an einer Stelle aufreißen und die **Sonne** hervorkommt, ist plötzlich auch ein Regenbogen da. Allerdings nur, wenn du mit dem Rücken zur Sonne stehst. Die **Sonnenstrahlen** müssen nämlich die **Regentropfen,** die gerade vom Himmel fallen, von vorne treffen und nicht von hinten.

Weil du all diese Farben aber nie einzeln, sondern immer zusammen siehst, nimmst du die verschiedenen Farben gar nicht wahr. Denn die verschiedenen farbigen Lichtstrahlen ergeben zusammen ein helles, weißes Licht.

Ganz ähnlich ist es mit einer Versammlung vieler Menschen, die alle in einem Raum durcheinanderrufen. Einzelne Stimmen sind nicht zu verstehen. Man hört nur lautes Stimmengewirr. Erst wenn jemand den Raum verlässt, können wir hören, was er sagt.

Regnet es nun irgendwo, dann treffen die Sonnenstrahlen natürlich auch auf die Regentropfen, die an einer Stelle gerade zur Erde fallen. So ein Tropfen hat eine **glatte Oberfläche.** Aber wenn der Sonnenstrahl nun in den Tropfen hineinfällt, wird er leicht abgelenkt und landet auf der Innenseite des Tropfens. Und die funktioniert wie ein Spiegel. Die einzelnen Farben des Sonnenstrahls werden zurückgeworfen. Aber nicht nur das. Sie werden auch **gestreut.** Das heißt, sie werden voneinander getrennt und verlassen den Tropfen nun nebeneinander liegend. Rot, Orange, Gelb, Grün, Blau und Violett. Und jetzt kannst du sie plötzlich sehen. Aus dem weißen Licht haben die

Regentropfen farbiges Licht gemacht.

Aber warum ist dann nicht der ganze Regenschauer farbig? Weil die getrennten farbigen Lichtstrahlen die Regentropfen immer in einem bestimmten Winkel verlassen. Das liegt an der **Kugelform** der Tropfen. Du kannst nur die farbigen Strahlen sehen, die genau auf deine Augen gelenkt werden. Die anderen farbigen Strahlen, die natürlich auch da sind, zielen an deinen Augen vorbei. Aber sie können die Augen von jemand anderem treffen, der neben dir steht. Oder der ganz woanders steht. Das bedeutet, dass mehrere Beobachter nicht ein und denselben

Regenbogen sehen, sondern jeder einen anderen sieht. Wir alle sehen unseren eigenen Regenbogen und für jeden Betrachter steht er an einer anderen Stelle am Himmel.

Die hinter uns stehende Sonne, die Kugelform der Tropfen und die Streuung des Lichts geben die Form des Regenbogens vor. Wird denn der Bogen irgendwann zum Kreis und ist der Rest sozusagen „unter der Erde", wo wir ihn nur nicht sehen können? Nein, denn die Erde ist nicht lichtdurchlässig. Du siehst den Bogen nur als Bogen, weil dein Standort ganz nah am Boden liegt.

Wenn du allerdings in ein Flugzeug steigst und dir den Regenbogen aus größerer Höhe ansiehst, dann schließt sich der Bogen zu einem Kreis. Piloten können diesen Regenkreis daher öfter sehen. Auf der Erde siehst du nur den Bogen.

Und den kann man übrigens auch selber machen. Einen kleinen zumindest. Dazu musst du erst einmal mit dem Rücken zur Sonne stehen. Am besten geeignet ist die Nachmittagssonne, die nicht mehr ganz so hoch am Himmel steht. Jetzt brauchst du nur noch einen Gartenschlauch, der das Wasser wie ein Fächer in der Luft verteilt. Schon ist ein kleiner Regenbogen zu sehen! Für die Lichtstrahlen macht es nämlich keinen Unterschied, ob sie auf Regentropfen oder Tropfen aus der Wasserleitung treffen …

Damals,
vor unendlich
langer Zeit ...

Die meistgestellten Fragen
zu Rittern, Piraten
und Weltumseglern

Wieso gibt es keine Dinos mehr?

Dinosaurier sind heute ebenso bekannt wie Hund, Katze oder Maus. Dabei sind sie schon vor 65 Millionen Jahren ausgestorben. Und das, obwohl sie die Erde beherrschten und riesengroß waren. Wie konnte das passieren?

Das Wort **„Dinosaurier"** bedeutet „schreckliche Eidechse". Diesen Namen gaben Forscher den Tieren, nachdem sie vor fast 200 Jahren die ersten **versteinerten Knochen** entdeckt hatten. Entwickelt haben sich die Dinosaurier vor rund 235 Millionen Jahren, verschwunden sind sie ganz plötzlich vor 66 Millionen Jahren. Sie haben also lange hier auf der Erde gelebt – sehr lange.

Mithilfe der gefundenen Knochen kann man zum Beispiel den Körper eines Dinosauriers nachbauen. Man weiß nämlich, wo sich **Muskeln** und **Organe** befunden haben müssen. Das ist nicht viel anders als bei heute lebenden Tieren. Die **Körperform** ist also von vielen Dinos bekannt, nicht aber ihre **Haut-** oder **Fellfarbe.** Ob sie grau, bunt oder gestreift waren, das wissen wir nicht.

! Geblieben sind nur wenige Spuren, vor allem die versteinerten Knochen.

Aber auch einige Eier, Federn, Hautreste und Nester wurden noch entdeckt und sogar Fußabdrücke. Mit diesen wenigen Überresten müssen die Dinoforscher auskommen, um uns etwas über die Tiere sagen zu können, die immerhin 171 Millionen Jahre lang auf der Erde gelebt haben. Das ist keine leichte Aufgabe, aber man kann so doch das eine oder andere über die Dinosaurier herausfinden.

Wir wissen aber, dass viele Arten in Herden lebten und **Warmblüter** waren. Das heißt, sie haben ihre eigene Körpertemperatur erzeugt, wie Menschen, Säugetiere und Vögel. Sie konnten daher auch in kalten Gebieten leben, was zum Beispiel Krokodile oder Frösche nicht können.

Die größte Frage ist noch immer, warum die Dinosaurier so plötzlich ausgestorben sind. Hat sich vor 65 Millionen Jahren das **Klima** verändert? Wurde es also besonders heiß oder besonders kalt? Gab es eine besonders tückische Tierkrankheit? Haben andere Tiere die Eier der Dinosaurier gefressen?

Viele Möglichkeiten haben die Forscher untersucht. Und dann haben sie schließlich im Jahr 1980 etwas herausgefunden: Sie fanden etwas im Boden, das aus der Zeit des Aussterbens der Dinos stammte. Das waren Stoffe, die nur vom Einschlag eines großen **Meteoriten** herrühren konnten, also von einem riesigen Felsbrocken aus dem Weltall. Elf Jahre später fanden sie in Mexiko den zu einem solchen Einschlag passenden **Krater,** also das Loch, das der Meteorit beim Aufprall auf die Erde hinterlassen hat. Dieses Loch war so groß, dass der Meteorit einen Durchmesser von etwa zehn Kilometern gehabt haben muss. Das ist riesig! Als er einschlug, explodierte er und schleuderte große Mengen von Staub und Asche in die Luft. Der Knall muss überall auf der ganzen Erde zu hören gewesen sein. Allein die **Explosion** tötete schon sehr viele Tiere. Dann folgten **Erdbeben** und **Vulkanausbrüche** und die wiederum verursachten zahlreiche **Waldbrände.** Staub und Asche verteilten sich in der Luft und verdunkelten für mehrere Jahre den Himmel, während riesige Wellen, Tsunamis genannt, die Küsten überfluteten.

Es starben so viele Pflanzen, dass die großen **Pflanzenfresser** unter den Dinosauriern bald keine Nahrung mehr fanden und ebenfalls starben. Das war dann auch das Ende für die **Fleischfresser,** denn sie fanden kaum noch Beute. Das Klima der Erde brauchte rund 200 000 Jahre, um sich wieder zu beruhigen. Etwa drei Viertel aller Tierarten haben diese Katastrophe nicht überlebt. Dazu gehören auch alle Dinosaurier.

... oder gibt es vielleicht doch noch welche?

Wir wissen heute von vielen neuen Funden versteinerter Dinosaurierreste, dass einige Arten wohl tatsächlich Federn hatten. Diese Federn hatten dieselbe Aufgabe wie ein Fell, sie sollten nämlich den Körper warm halten. Aber wie du weißt: Mit Federn kann man auch fliegen.

Vor ungefähr 120 Millionen Jahren lebte in China ein kleiner **Raubdinosaurier,** den die Forscher **„Microraptor"** genannt haben, was „kleiner Räuber" bedeutet. Seine Versteinerung ist so gut erhalten, dass man in ihr sogar Federn und Flügel erkennen kann. An den Knochen aber haben die Forscher gesehen, dass der Microraptor nicht von alleine abheben konnte. Dafür konnte dieser kleine Dino, der nur so groß wie ein Huhn war,

ein paar Meter weit von Ast zu Ast und von Baum zu Baum gleiten. Seine Nachfahren könnten also durchaus das Fliegen erlernt und sich zu **Vögeln** entwickelt haben.

Das wäre doch eine Sache! Dann wären die Dinosaurier ja doch nicht ganz ausgestorben, sondern noch immer hier auf der Erde. Als Amseln, Störche oder Spatzen. Bewiesen ist das allerdings noch nicht. Aber es spricht vieles dafür!

Saurier und der Meteoriteneinschlag

Wie entsteht eine Versteinerung?

Im Museum kannst du dir die Skelette von Dinosauriern und anderen ausgestorbenen Tieren ansehen. Allerdings sind die Knochen nicht echt. Es sind Versteinerungen von Knochen, die über einen langen Zeitraum entstanden sind. Aber wie geht so etwas vor sich?

Stell dir Folgendes vor: Vor 68 Millionen Jahren – also vor sehr langer Zeit – wird ein **pflanzenfressender Dinosaurier** von einem **fleischfressenden Dinosaurier,** einem riesigen Tyrannosaurus, angegriffen. Der Pflanzenfresser kann schwer verletzt entkommen.

Doch am Ufer eines Sees stirbt er.

Weil der Boden sehr weich und schlammig ist, versinkt sein Körper langsam. Und gar nicht lange, dann ist der tote Körper, den man auch **Kadaver** nennt, verschwunden.

Aber im Schlamm leben viele **Bakterien** und andere kleine Lebewesen, die nach und nach das weiche Fleisch des toten Dinos auflösen und fressen. Über dem versunkenen Körper spült der See immer mehr Schlamm an. Nach vielen, vielen Jahren ist diese **Schlammschicht** schon

ein oder zwei Meter hoch – das ist eine Menge.

Irgendwann, während einer langen Dürrezeit, trocknet der See aus und es entsteht langsam eine Wüste. Heftige Stürme häufen Sand auf, der nun meterhoch den trockenen Schlamm bedeckt.

Weitere, Tausende Jahre später liegen die Knochen des Dinos tief in der Erde, begraben unter vielen verschiedenen Schichten aus getrocknetem Schlamm, Erde und Sand. Weil diese Schichten mittlerweile so dick geworden sind, haben sie auch ein enormes Gewicht. Nach und nach werden die Schichten fester und fester. Und irgendwann sind sie zu Gestein geworden.

Regenwasser, das in den

Boden einsickert, löst **Kalk** aus den Knochen und lagert dort gleichzeitig andere Stoffe ab, die das Wasser wiederum aus den umliegenden Steinen gelöst hat. Das Material des Knochens wird auf diese Weise ausgetauscht. Wo früher Kalk war, sind jetzt Kristalle und andere Stoffe. Die Knochen sind selbst zu Stein geworden. Nur die Form ist erhalten geblieben.

Nun liegen die versteinerten Knochen seit vielen Millionen Jahren tief in der Erde. Doch irgendwann werden die Gesteinsschichten über ihnen langsam wieder dünner. Ein Fluss, der hier ein neues Bett sucht, trägt das obenauf liegende Gestein langsam ab und spült es weg. Nur eine dünne darunter liegende Schicht aus Erde, noch nicht weggespültem Gestein und Schlamm bleibt zurück. Und die entdeckt eines Tages nach insgesamt 68 Millionen Jahren ein Forscher, der genau an diesem Ort nach versteinerten Knochen von Dinosauriern sucht.

Er weiß ganz genau, wie das, was er sucht, aussehen müsste und wo er suchen muss. Und schließlich wird er auch fündig. Mit einem kleinen Hammer und einem Pinsel legt er sehr vorsichtig den versteinerten Knochen frei. Das ist deshalb möglich, weil der Knochen ja nicht fest mit dem anderen Gestein verbunden ist. Der Forscher kann seine Form genau erkennen und daher alles Material entfernen, das nicht zu dem Knochen gehört. Dazu braucht er viel Erfahrung.

Wenn er den Knochen freigelegt hat, wird der verladen und in ein **Museum** gebracht. Dort gibt es ein **Labor,** in dem unter einer Lupe die letzten Gesteinsreste von dem Knochen entfernt werden.

Ist die Arbeit fertig, haben die Forscher zwar keinen ganz echten Dinoknochen, aber eine Art Kopie, die die Natur erschaffen hat. Zusammen mit anderen Knochen können sie nun das **Dinoskelett** wieder zusammensetzen und dann später im Museum ausstellen.

Und da kannst du es besichtigen – spannend, wie es dorthin kam, oder?

Warum hatten Mammuts so ein dichtes Fell?

Vor vielen Jahrtausenden, in der sogenannten Steinzeit, gab es Tiere, die heute schon längst ausgestorben sind: Das Mammut war zum Beispiel so groß wie ein Elefant und hatte auch gewaltige Stoßzähne. Aber es hatte auch etwas, was dem Elefanten fehlt: ein dichtes Fell.

Noch immer finden Forscher in **Russland** Überreste von Mammuts. Der Boden dort taut nämlich niemals auf. Stell dir das vor wie bei einem Winter, der nie zu Ende geht. Wenn dort also vor ein paar Tausend Jahren ein Mammut gestorben ist, wurde es vom Schnee zugedeckt und lag bis heute dort wie in einer Gefriertruhe.

Das liegt am Dauerfrost im Norden Russlands.

Weil mittlerweile viele Mammutknochen gefunden worden sind, wissen wir ziemlich genau, wie die Mammuts ausgesehen haben. Sie waren ungefähr so groß wie Elefanten, aber sie hatten deutlich längere und größere **Stoßzähne** und einen kürzeren, aber dickeren **Rüssel.** Der Kopf war größer als beim Elefanten, der Körper dafür etwas kleiner. Hinter dem Kopf hatten die Mammuts einen **Buckel.** Forscher vermuten, dass er als Fettreserve gedient hat. Auch unter der Haut befand sich eine dicke **Fettschicht.**

Die Mammuts trugen ihre Vorratskammer also mit sich herum.

Und während auf der Haut des Elefanten nur einige kleine Borsten wachsen, besaß das Mammut ein **dichtes Fell** aus braunen Haaren. Fettschicht und Fell waren für das Mammut sehr wichtig, denn nur so konnten die Tiere während der **Eiszeit** und in kalten Gebieten überleben. Ihre Füße waren besonders gut mit Fell und Fett gepolstert, sodass sie auch über gefrorenen Boden laufen konnten, ohne sich Erfrierungen zu holen. So konnten sie auch den eisigsten Winter gut überstehen. Erst als die Erde nach dem Ende der Eiszeit immer wärmer wurde, konnten sich Mammuts an diese neuen Lebensumstände nicht gewöhnen und sind allmählich ausgestorben.

Kann man mit Feuersteinen wirklich Feuer machen?

Hast du eine Idee, welcher Stein der Steinzeit ihren Namen gegeben hat? Das war der Feuerstein. Denn aus ihm ließen sich scharfe Klingen, Speerspitzen und andere nützliche Dinge herstellen.

Irgendwann vor mehr als 30 000 Jahren haben die Menschen entdeckt, dass man mit Feuersteinen eine ganze Menge machen konnte. Sie sind nämlich sehr hart, lassen sich aber mit anderen Steinen gut bearbeiten.

Trifft man einen **Feuerstein** mit einem zweiten Stein an der richtigen Stelle, springt ein langer und sehr scharfkantiger **Splitter** ab. Ein solcher Splitter kann schon ohne weitere Bearbeitung als **Messerklinge** dienen. Mit ihr kann man sogar Fleisch und Leder schneiden. Und da die Menschen der **Steinzeit** viele andere Materialien noch gar nicht kannten, war Feuerstein für sie wirklich sehr wichtig.

Irgendwann bemerkten die Menschen, dass beim Abschlagen eines Feuersteins auch Funken sprühten. Funken, mit denen man ein Feuer entzünden konnte. Schnell fanden sie heraus, dass man dazu zwei verschiedene Steine benötigt, einen Feuerstein und ein Stück **Quarz** oder **Schwefelkies.** Schlägt man diese beiden Steine aneinander, entstehen Funken, mit denen sich trockene Stoffe entzünden lassen. Besonders beliebt war ein getrockneter Baumpilz, der **Zunderschwamm.** Aber auch Leinenfasern und andere Stoffe sind geeignet. Fangen die Fasern an zu glimmen, pustet man vorsichtig in die Glut, um sie mit Sauerstoff zu versorgen. Dann legt man kleine Zweige oder Holzspäne nach. Und schon brennt das Feuer. Auch ohne Streichhölzer oder Feuerzeuge konnten die Menschen der Steinzeit also Feuer machen.

Geschickte Handwerker konnten aus

einem Feuerstein **Speer- und Pfeilspitzen,** aber auch Äxte und Schmuck herstellen. Doch so toll der Feuerstein auch war, er hatte einen Nachteil: Er war nicht überall zu finden. Man findet ihn nicht am Wegrand oder in einem Flussbett, sondern nur in Form von Knollen, die in **Kreidegestein** eingeschlossen sind. Eine solche Knolle kann die Größe einer Faust, aber auch die eines Fußballs haben.

An der Ostsee, wo es viele Kreidefelsen gibt, findet man häufig auch Feuersteine. In anderen Gebieten sind sie selten. Um an die begehrten Feuersteinknollen zu kommen,

haben die Menschen der Steinzeit die ersten Bergwerke angelegt.

Allein in Bayern wurden über 8000 Bergwerkschächte gefunden.

Feuerstein gehörte in der Steinzeit zu den wertvollsten Materialien überhaupt. Und jetzt weißt du auch, warum.

Steinzeitmenschen beim Feuermachen

Wer hat die Buchstaben erfunden?

Unser ABC hat nur 26 Buchstaben. Aber sie reichen aus, um alles aufzuschreiben, was wir wissen, denken oder fühlen. Schon merkwürdig. Es gibt doch mehrere Millionen Wörter ...

Um es gleich vorwegzunehmen: nicht ein Mensch hat das **ABC** erfunden. Es war vielmehr eine lange Entwicklung, die einige Jahrtausende gedauert hat. Aber beginnen wir am Anfang:

Buchstaben gab es noch nicht immer. Die ersten Schriften, die vor mehr als 5000 Jahren entstanden, sind **Bilderschriften.** Jedes Schriftzeichen steht für ein einfaches, kleines Bild von einem Ding, einer Tätigkeit oder einer Idee. Das heißt, man braucht jeweils ein eigenes Zeichen für zum Beispiel ein Kamel, ein Haus, ein Kind, für Sonne, Mond und Sterne.

Das ergibt eine ganze Menge Zeichen.

Eine solche Schrift sind die ägyptischen **Hieroglyphen,** und die haben ungefähr 7000 Zeichen. Sie zu erlernen, dauert lange. Und eines ist klar: Buchstaben sind das noch nicht.

Ähnlich wie die ägyptische funktioniert auch die chinesische Schrift, bei der man etwa 4000 Zeichen können muss, um sie lesen und schreiben zu können. Ganz schön schwierig, aber machbar. Buchstaben sind das allerdings immer noch nicht.

Vor ungefähr 3800 Jahren kamen Menschen in **Ägypten** auf die Idee, Schriftzeichen einmal anders einzusetzen. Die vielen Hieroglyphen waren ihnen einfach doch zu umständlich. Sie suchten nach anderen Möglichkeiten und fanden auch eine. Wie wäre es, so dachten sie sich, wenn ein Zeichen nicht

für ein Ding stünde, sondern für einen **Laut.** Denn alle Wörter bestehen ja aus verschiedenen Lauten. Doch so viele verschiedene Laute kann ein Mund gar nicht hervorbringen. Die Ägypter fanden heraus, dass 22 Zeichen ausreichen, um alle Laute aufzuschreiben. Weil

114

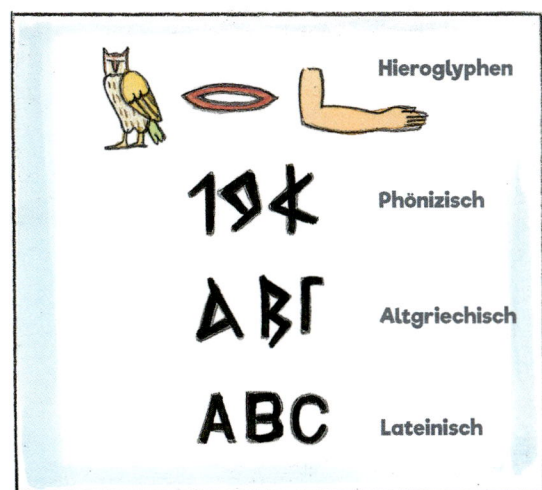

Hieroglyphen

Phönizisch

Altgriechisch

Lateinisch

in ihrer Sprache die Vokale (A, E, I, O und U) keine Rolle spielten, ließen sie die einfach weg. Ihre Buchstaben ähneln zwar noch den Hieroglyphen, haben nun aber ganz andere Aufgaben. Buchstaben – hier haben wir es nun zum ersten Mal.

Anderen Völkern hat diese Erfindung ebenfalls gefallen, und sie haben sie übernommen und weiterentwickelt. Dazu gehörten die **Phönizier,** die **Araber** und die **Hebräer.** Die Phönizier waren ein mächtiges Volk von Seefahrern und Händlern, das vor rund 3000 Jahren an der Mittelmeerküste lebte, wo sich heute die Länder Syrien und Libanon befinden. Auch die Araber und Hebräer lebten an der Mittelmeerküste.

Die **Griechen** übernahmen vor ungefähr 2800 Jahren die neuen

Buchstaben von den Phöniziern und fügten die Vokale hinzu, also die Selbstlaute. Schnell erkannten die Griechen die Vorteile dieser Schrift. Da diese paar Zeichen schnell zu lernen waren, konnten schon bald viele Griechen lesen und schreiben. Der erste Buchstabe hieß bei ihnen Alpha, der zweite Beta. Aus beiden Buchstaben ist der Name für alle Buchstaben geworden, also das **Alphabet.** Wir sagen dazu auch ABC.

Von den Griechen haben schließlich die **Römer** die Buchstaben übernommen, und von denen haben es alle europäischen Völker, also auch wir.

Heute kennen wir 26 Buchstaben, denn bei uns sind ja die Vokale mit dabei, außerdem drei Umlaute (Ä, Ö und Ü) und das ß. Das macht zusammen 30.

XYZ

Wie sieht es in einer Pyramide aus?

Vielleicht hast du schon einmal etwas von der berühmten Cheops-Pyramide gehört. Das ist die höchste Pyramide der Welt. Sie steht in der Wüste und ist schon von Weitem zu sehen. Unsichtbar ist dagegen das Innere der Pyramide. Welche geheimnisvolle Welt verbirgt sich dort wohl?

Die drei „Pyramiden von **Gizeh**" wurden vor ungefähr 4600 Jahren in Ägypten gebaut. Die größte der drei Pyramiden ist die Cheops-Pyramide, die ein König namens **Cheops** errichten ließ.

Ein ägyptischer König aus dieser Zeit wurde Pharao genannt.

Der Pharao hatte das Recht auf ein riesiges Königsgrab. Dazu wurden in jeder Pyramide mehrere Kammern für den Sarkophag und die Grabbeilagen eingerichtet.

Die Cheops-Pyramide ist an jeder Seite 230 Meter lang und 146 Meter hoch. Die meisten Steine sind würfelförmig und einen Meter lang, einen Meter breit und einen Meter hoch. In 17 Metern Höhe über dem Boden befindet sich ein Eingang. Der war versteckt und mit besonders schweren Steinen verschlossen. So sollte verhindert werden, dass **Grabräuber** in die

Pyramide eindringen konnten. Leider hat dieser Plan aber nicht funktioniert.

Im Inneren der Pyramide befindet sich eine Vielzahl von Kammern, in die man vom Eingang aus über einen schmalen, absteigenden Gang gelangt, der etwa 30 Meter tief unter die Pyramide führt. Dort kommt man zunächst in eine große Felsenkammer, die vielleicht als Grab gedacht war. Aber ob es wirklich ein Grab war und für wen es bestimmt gewesen sein könnte, das wissen die Forscher nicht genau, denn die Kammer wurde nicht fertiggestellt. Ein zweiter Gang führt vom Eingang nach oben ins Zentrum der Pyramide. In die Spitze also.

Bevor man zu den echten Grabkammern gelangt, kommt man in

einen hohen Raum, der die „große
Galerie" genannt wird. Von dort
aus führt ein gerader Gang in die
kleine **Grabkammer** der Königin
und ein aufsteigender Gang in die
große Grabkammer des Königs.

In der Zeit von Pharao Cheops
waren die Gänge und Kammern
mit mehreren tonnenschweren
Granitblöcken verschlossen. Doch
auch sie konnten die Grabräuber
nicht aufhalten. Sie haben sie mit
schweren Werkzeugen zerschla-
gen. Beide Kammern haben die
Forscher später nur noch leer
vorgefunden. Im Grab des Königs
steht wenigstens noch ein
Sarg aus Stein. In ihm hat einmal
die **Mumie,** also der tote Körper

des Pharaos Cheops gelegen. Sie
fehlt ebenso wie die Grabbeigaben. Grabbeigaben waren damals sehr viele und sehr kostbare
Dinge, von denen die Menschen
glaubten, dass der Pharao sie im
Totenreich brauchen würde.
Dazu gehörten goldene Schmuck-
stücke, Streitwagen und Tonkrüge.
Und genau darauf hatten Grabräuber es abgesehen.

Von der Grabkammer des Königs
führen noch zwei sehr schmale
Schächte nach oben. Wahrscheinlich waren sie nötig, um frische
Luft ins Innere der Pyramide zu
leiten. Schließlich mussten die
Bauarbeiter atmen können, und
sie hatten dort unten Fackeln, die
auch Sauerstoff brauchen. Ob es
noch weitere Gänge gibt, ist nicht
bekannt. Du siehst: So eine Pyramide hält auch heute noch viele
Geheimnisse bereit.

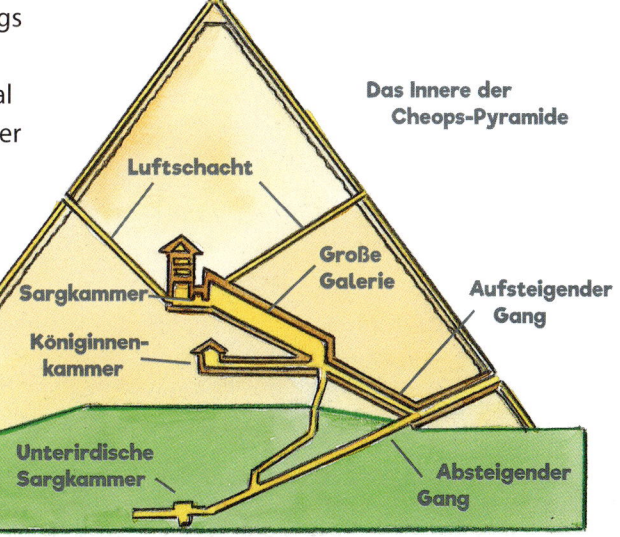

Das Innere der
Cheops-Pyramide

Luftschacht

Große
Galerie

Aufsteigender
Gang

Sargkammer

Königinnen-
kammer

Unterirdische
Sargkammer

Absteigender
Gang

Warum heißen die sieben Weltwunder eigentlich „Weltwunder"?

Auch heutzutage gibt es Bauwerke, die man auf der ganzen Welt kennt. Zum Beispiel die Freiheitsstatue in New York oder den Eiffelturm in Paris. Solche Bauwerke gab es aber auch schon in der Vergangenheit. Sie waren einzigartig und etwas ganz Besonderes. Echte „Weltwunder" eben.

Auch die Griechen in der Antike kannten schon **Reiseführer.** Einen davon hat ein Grieche namens **Antipatros** von Sidon vor ungefähr 2100 Jahren geschrieben und die Weltwunder bei dieser Gelegenheit zum ersten Mal erwähnt. Er hat wohlhabende Griechen, die viel auf Reisen gingen, auf sieben Bauwerke hingewiesen, die sie unbedingt besuchen sollten. Damals nannte er sie noch „Die sieben Sehenswürdigkeiten der bewohnten Erde".

lautet „thaumata". Anscheinend hat irgendjemand diese beiden Wörter verwechselt. Und schließlich wurde der lange Titel auch noch verkürzt. Fertig waren die „sieben Weltwunder".

Gemeint waren immer ganz besondere **Bauwerke,** die mit nichts auf der ganzen Welt vergleichbar waren. Die Weltwunder waren also etwas ganz außerordentlich Besonderes! Als Antipatros von Sidon seinen Reiseführer

Aber sind Sehenswürdigkeiten nicht etwas anderes als Wunder?

Wie sind dann aus den Sehenswürdigkeiten die Wunder geworden? Ganz einfach, ein kleiner Fehler ist daran schuld: Das griechische Wort für **Sehenswürdigkeiten** heißt „theámata" und das griechische Wort für **Wunder**

geschrieben hat, standen folgende sieben Bauwerke auf seiner Liste. Es waren sieben, weil Sieben als magische und

Die Pyramiden von Gizeh

vollkommene Zahl galt. Ganz ähnlich wie bei den sieben Zwergen oder den sieben Geißlein im Märchen.

Also, los geht's:

1. Die hängenden Gärten der Semiramis in Babylon

Das waren wunderbare, auf Terrassen angelegte Gärten mit seltenen Pflanzen. Im trockenen Babylon war das etwas ganz Besonderes.

2. Der Koloss von Rhodos

Diese Statue stand an der Hafeneinfahrt von Rhodos. 32 Meter hoch und jeder seiner Finger war größer als ein Mensch. Gewaltig!

3. Das Grab des Königs Mausolos II. in Halikarnassos

Dieses Grab hatte eine ganz neue, noch nie gekannte Bauweise und war besonders prächtig verziert.

4. Der Leuchtturm auf der Insel Pharos vor Alexandria

Das war der erste Leuchtturm der Welt und ungefähr 130 Meter hoch.

5. Die Pyramiden von Gizeh in Ägypten

Sie bestehen zusammen aus 2,5 Millionen Steinblöcken!

6. Der Tempel der Artemis in Ephesos

Er war 105 Meter lang und so hoch wie ein Haus mit sechs Stockwerken, also riesig!

7. Die Zeusstatue des Phidias von Olympia

Sie war zwölf Meter hoch und bestand unter anderem aus 200 Kilogramm Gold.

Wer diese Bauwerke heute besuchen will, der erlebt eine bittere Enttäuschung, denn bis auf die **Pyramiden** von Gizeh sind alle anderen verschwunden. Die meisten wurden durch **Erdbeben** zerstört. Bleiben also nur die Pyramiden. Aber dieses letzte der sieben Weltwunder der Antike steht sicher noch eine Weile im heißen Wüstensand.

Konnten Ritterrüstungen rosten?

Rost ist ein Problem. Er setzt sich an allem fest, was aus Metall ist. Auch Züge und Schiffe rosten. Aber wie haben Ritter dieses Problem gelöst? Ihre Ritterrüstungen waren doch auch aus Metall?

Im **Mittelalter** haben die Ritter zu Fuß und auf ihren Pferden in Rüstungen gekämpft.

Lange Zeit waren Kettenrüstungen sehr beliebt.

Das Wichtigste an der **Kettenrüstung** war ein langes **Kettenhemd.** Aber eigentlich war es gar kein Hemd, sondern eher ein Kleid, das bis zu den Knien reichte. Ein **Helm** gehörte auch dazu. Die Herstellung einer Kettenrüstung war sehr schwierig und dauerte ziemlich lange, denn jedes einzelne Kettenglied wurde von Hand angefertigt. Da konnte es schon bis zu einem Jahr dauern, bevor eine Kettenrüstung fertig war.

Sie hat einen Ritter gut geschützt, konnte aber nicht jeden Speer und jedes Schwert abhalten. Kettenrüstungen waren aus **Eisen** und konnten deshalb natürlich rosten. Aber nur, wenn man sie nicht getragen hat. Denn zog man sie an, so rieben und scheuerten die einzelnen Kettenglieder ständig aneinander.

Und da konnte der Rost sich nicht ausbreiten. Auch wenn die Kettenrüstung in der **Burg** trocken aufgehängt und gepflegt wurde, gab es keinen Rost. Lag sie aber irgendwo in einer feuchten Ecke, dann rostete die Kettenrüstung vor sich hin.

Schon gewusst?

Ein Kettenhemd wiegt ungefähr zehn Kilogramm und eine Rüstung aus Eisenplatten dann noch einmal 35 Kilogramm. Wenn man jetzt auch noch Helm und Schwert dazurechnet, dann trug ein mittelalterlicher Ritter immer mindestens 50 Kilogramm Gewicht mit sich herum!

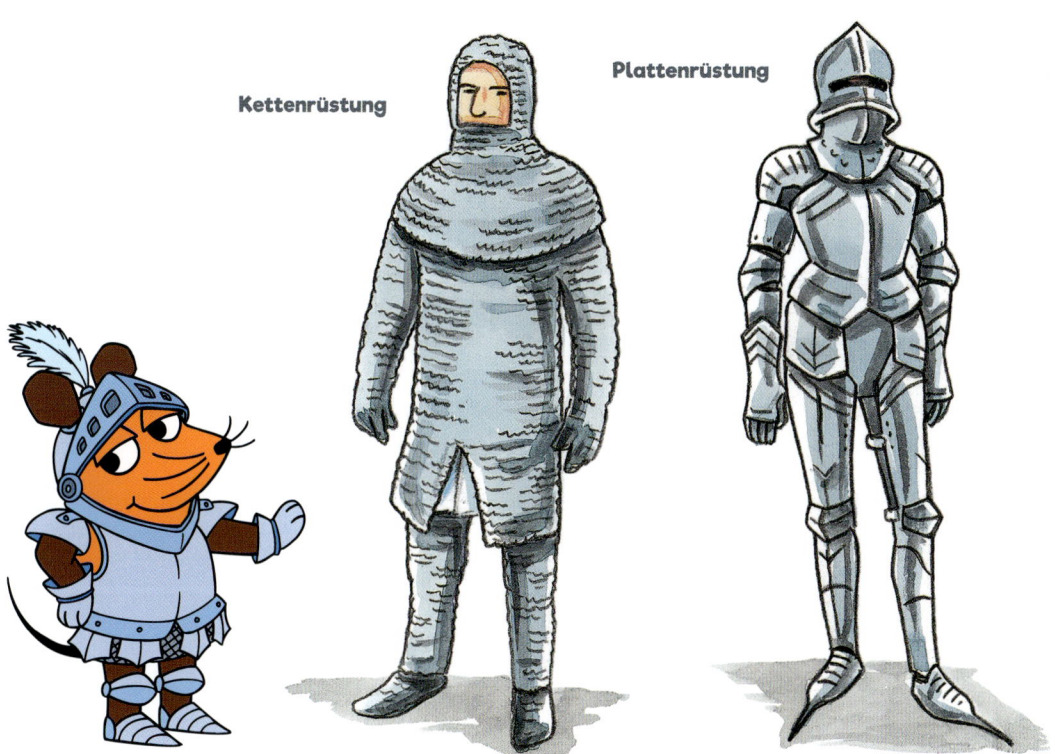

Kettenrüstung

Plattenrüstung

Ab dem 13. Jahrhundert, also vor ungefähr 700 Jahren, wurden Rüstungen aus **Eisenplatten** immer beliebter. Diese Platten wurden der Form des Körpers genau angepasst und ergaben so eine Rüstung, die den ganzen Körper schützte, vom Kopf bis zu den Füßen. Auch die Pferde der Ritter erhielten solche Plattenpanzer. Nur besonders kräftige und große Pferde konnten neben ihrer eigenen Rüstung auch noch einen Ritter samt Rüstung und Waffen tragen.

Unter einer solchen Rüstung wurde es im Sommer sehr heiß. Außerdem war sie schwer. Das war dann ein Problem, denn so mancher Ritter konnte so nicht wirklich gut kämpfen.

Doch um auf den Rost zurückzukommen: Auch solche Rüstungen setzten Rost an, sobald sie nicht benutzt wurden. Deswegen mussten **Knappen** und **Diener** eines Ritters die Rüstung **putzen** und pflegen. Manche Ritter ließen ihre Rüstung auch anmalen, um sie vor Rost zu schützen. Die Farbe sorgte dafür, dass Wasser und Schweiß nicht an das Metall gelangten. Rost war also auch schon im Mittelalter ein Problem und nicht erst heute.

Wieso heißen die Indianer eigentlich „Indianer"?

Was ein Indianer ist, nämlich ein Ureinwohner Nordamerikas, das weißt du sicherlich schon. Aber wie sind die Indianer zu diesem Namen gekommen? Irgendjemand muss sie einmal so genannt haben und dabei ist es dann auch geblieben. Nur: Wer war das und wie kam er auf den Namen?

Um diese Frage zu beantworten, müssen wir in der Geschichte 500 Jahre zurückblicken: **Europa** trieb zu dieser Zeit Handel mit **China** und anderen Ländern Asiens, denn dort gab es **Seide, Gewürze** und viele andere tolle Sachen, die man in Europa nicht hatte.

Aber der Landweg von Europa nach China war schwierig, gefährlich und dauerte sehr lang. Deswegen wurden die Waren aus Asien immer teurer. Da hatte der italienische Seefahrer **Christoph Kolumbus** im Jahr 1480 eine geniale Idee:

Die Menschen damals wussten schon, dass die Erde eine Kugel ist. Wenn Kolumbus also von Spanien aus immer Richtung Westen segelte, so dachte er, dann musste er irgendwann die Ostküste Chinas oder Japans erreichen.

Aber Seeleute und Gelehrte fürchteten sich vor der großen Entfernung, die sie auf über 19 000 Kilometer schätzten. Kolumbus stellte eigene Berechnungen an, befragte erfahrene Kapitäne und studierte alte Seekarten. Dann stand für ihn fest, dass China doch „nur" 4500 Kilometer entfernt liegen konnte.

Statt mit Pferd und Wagen wollte er mit dem Schiff nach Asien fahren.

Und zwar einfach mitten über den Atlantischen Ozean. Sein Plan hatte allerdings einen Haken: Das hatte noch niemand vorher gewagt.

Im August 1492 startete er mit drei großen **Segelschiffen** und erreichte im Oktober endlich eine Küste.

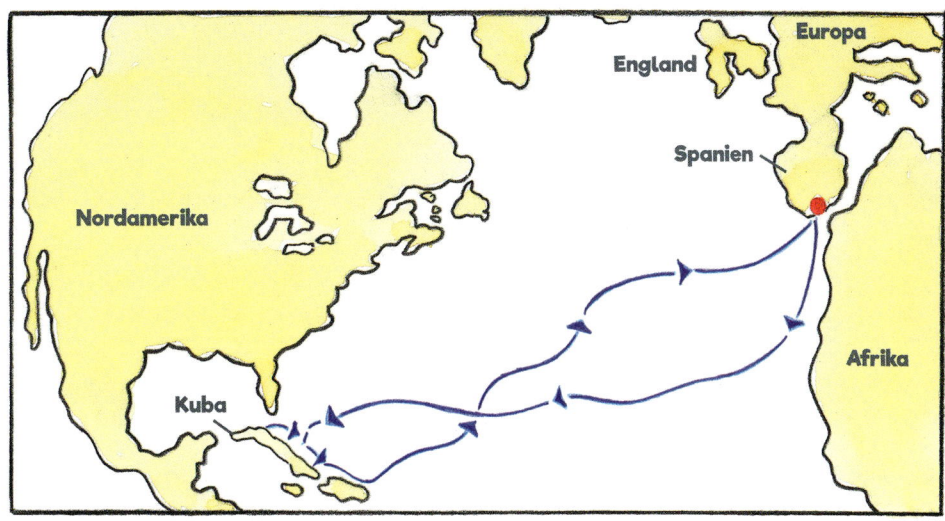

Kolumbus' Reise 1492 – 1495

„Indien!", rief er, als er endlich wieder Land sah.

Aber damit meinten die Menschen damals nicht das heutige Indien, sondern ganz Asien. Kolumbus glaubte, eine noch unbekannte Küste Chinas vor sich zu haben. Sofort ging er an Land.

Aber er war gar nicht in China. Die Gelehrten hatten nämlich recht gehabt. Bis China wäre es ein noch viel weiterer Weg gewesen. Kolumbus hatte eine Insel der Bahamas erreicht, die in der Karibik liegen. Diese Inseln aber gehören zu Mittelamerika.

Doch das wusste Kolumbus nicht. Er ging von Bord und traf die Einwohner der Insel, die ihn freundlich begrüßten. Und weil er glaubte, in Asien zu sein, das damals eben auch „Indien" hieß, nannte er die Menschen einfach „Indianer".

Also, leider ein Fehler, das Ganze. Nach der Rückkehr von Kolumbus verbreitete sich der Name Indianer schnell überall und blieb auch erhalten, nachdem man erkannte, dass Kolumbus sich geirrt hatte.

Der berühmte Entdecker hat übrigens bis zu seinem Tod geglaubt, tatsächlich in China gewesen zu sein.

Kann man heute noch Piratenschätze finden?

Die Zeit der berühmten Piraten ist schon lange vorbei. Vor 300 Jahren kaperten sie viele Schiffe und raubten sie aus. Die Beute versteckten sie manchmal auf einsamen Inseln. Sind das alles nur Geschichten oder gibt es solche „Schatzinseln" auch heute noch?

Blackbeard, William Kidd und **Henry Morgan,** so hießen die berühmtesten Piratenkapitäne. **Mary Read** und **Anne Bonny** waren die berühmtesten Piratinnen. Besonders beliebt war bei den Piraten die Karibik, also das Seegebiet zwischen der Insel Kuba und der Küste Mittelamerikas.

Henry Morgan soll seine Beute zum Beispiel auf der **Kokos-Insel** versteckt haben. Genau weiß das allerdings niemand. Aber bis zum heutigen Tag hoffen **Schatzsucher,** Morgans Schatz zu finden. Das ist ganz schön schwierig, denn Schatzverstecke sind nun einmal geheim.

Dort waren viele Schiffe unterwegs, die Gold und andere wertvolle Dinge nach Europa bringen sollten.

Die Piraten lauerten diesen Schiffen in versteckten Buchten auf, überfielen sie und raubten alles, was ihnen in die Hände fiel.

Ihre Beute, oft Goldbarren, Silbermünzen und Edelsteine, vertranken oder verspielten sie oder versteckten sie an geheimen Orten, die meist auf Inseln lagen.

Oft haben die Piraten nicht einmal **Schatzkarten** gezeichnet. Sie wussten schließlich, wo sie ihren Schatz versteckt hatten.

Die Schatzsucher heute folgen deshalb anderen Spuren. Sie lesen alte Dokumente und Schiffstagebücher, um Hinweise zu

finden. Außerdem benutzen sie moderne **Metallsuchgeräte,** die anzeigen, ob im Boden Gegenstände aus Metall vergraben wurden. Und tatsächlich, ab und zu finden Schatzsucher noch einen echten Piratenschatz!

Besonders erfolgreich ist dabei die Suche nach gesunkenen Piratenschiffen. Sie sind nämlich leichter zu finden als vergrabene Schätze. So hat 1984 der Schatzsucher Barry Clifford die „Whydah" gefunden, das Schiff des Piraten **Sam Bellamy.** Es war 1717 in einem Sturm gesunken und hatte mehrere Tausend **Goldmünzen** an Bord. Beute, die von 40 überfallenen Schiffen stammte.

Bis heute ist Barry Clifford damit beschäftigt, die Goldmünzen vom Meeresboden heraufzuholen, denn sie sind dort überall verstreut.

Immer wieder wird ein solcher Piratenschatz gefunden. Und längst nicht alle sind entdeckt worden. Die Suche lohnt sich noch immer!

Wer ist als Erster um die ganze Welt gefahren?

Christoph Kolumbus hat zwar Amerika entdeckt, aber bis nach Asien ist er nicht gekommen. Wer also hat als Erster die Welt umrundet?

Obwohl **Christoph Kolumbus** 1492 Amerika entdeckt hatte, war das Problem des Gewürzhandels nicht gelöst. Noch immer mussten die Händler den beschwerlichen und gefährlichen Landweg nehmen, um in **China Gewürze** und **Seide** einzukaufen.

Allerdings lohnte sich das Geschäft:

Wer von einer solchen Reise nach Hause zurückkehrte, wurde durch den Verkauf seiner Waren reich.

Inzwischen hatten Seefahrer herausgefunden, dass Nordamerika, Mittelamerika und Südamerika den Weg zum Pazifischen Ozean und damit zu China und Indien versperrten. Wie konnte man dieses Hindernis überwinden?

Der portugiesische Kapitän **Ferdinand Magellan** hatte eine Idee. Überwinden konnte man das Hindernis nicht, aber vielleicht konnte man es ja umsegeln? Vielleicht, so dachte er, könnte man an der südlichen Spitze von Südamerika doch einen Weg finden. Irgendwo mussten Atlantischer und Pazifischer Ozean ja aufeinandertreffen.

Im August 1519 startete Ferdinand Magellan seinen Versuch mit fünf Schiffen von Spanien aus. Sie überquerten den **Atlantik** und segelten langsam an der Küste Südamerikas entlang, um die Verbindung zum **Pazifik** zu finden. Dabei gelangte Magellan immer weiter nach Süden. Ab und zu entdeckte er eine Flussmündung, aber die führte nur ins Land hinein. Immer wieder hoffte er – und wurde enttäuscht. Durch eine Meuterei und einen Schiffbruch verlor er zwei seiner Schiffe, bevor er endlich, im November 1520 die Durchfahrt entdeckte. Es gab sie tatsächlich! Sie wurde später nach ihm benannt und trägt noch heute den

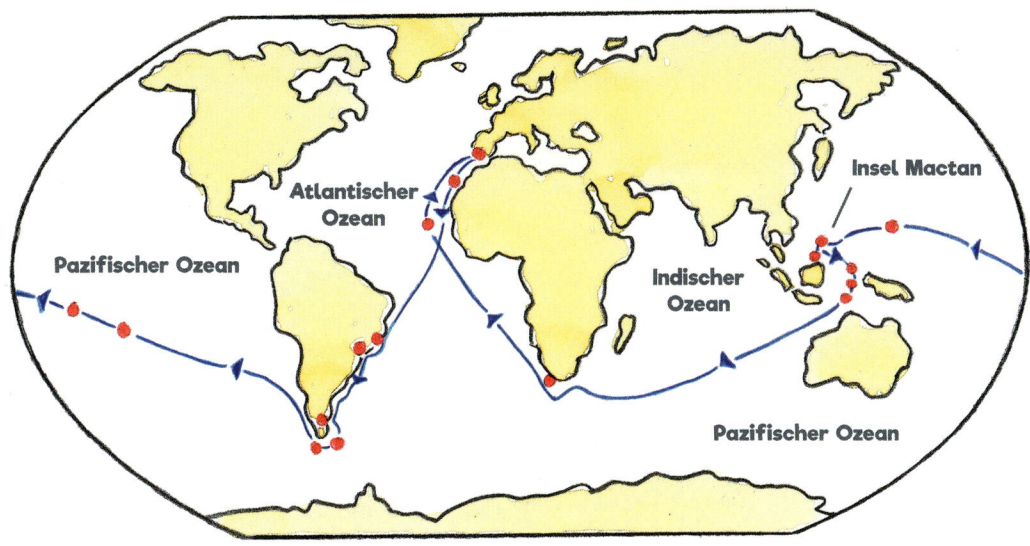

Die Weltumseglung von Ferdinand Magellan 1519 – 1522

Namen **„Magellanstraße".**
Sie bezeichnet den Punkt, an dem
Atlantik und Pazifik aufeinandertreffen, nämlich an der Südspitze
von Südamerika.

Der Kapitän erreichte schließlich
die Philippinen, geriet jedoch auf
der Insel Mactan in einen Streit
mit den Bewohnern und wurde im
Kampf getötet.

Seine Mannschaft aber setzte die
Fahrt fort und konnte tatsächlich auf einer anderen
Insel die ersehnten
Gewürze einkau-
fen. Aber die Reise
war noch nicht zu
Ende, denn man
wollte ja nicht

umkehren und auf demselben
Weg zurücksegeln, sondern beweisen, dass man immer weiter
nach Westen segeln konnte und
schließlich irgendwann wieder
nach Hause zurückkehrte. Zwei
weitere Schiffe gingen auf der
beschwerlichen Reise verloren.
Nach fast drei Jahren schaffte es
das letzte Schiff, die „Victoria",
Spanien zu erreichen. Nur 18
Männer hatten die erste **Welt-
umsegelung** überlebt. Sie
waren die Ersten, die die Welt
umrundet hatten.

Ferdinand Magellan selbst hat
diesen Erfolg nicht mehr erlebt.
Zwar wusste man schon lange,
dass die Erde eine Kugel war. Doch
jetzt war es endgültig bewiesen.

Wunder der
Technik

**Die meistgestellten Fragen
zu Strom, Computern
und Wunderkerzen**

Wie kommt der Strom in die Steckdose?

Wenn du deine Haare föhnen, fernsehen oder eine Brotscheibe toasten willst, brauchst du nicht nur einen Föhn, einen Fernseher oder einen Toaster. Du brauchst vor allem Strom. Aber der wird ja zum Glück direkt ins Haus geliefert.

Haare trocknen nach dem Haarewaschen? Mit einem Föhn geht das schnell und einfach. Du musst nur den Stecker in die Steckdose stecken und schon bläst dir der Föhn warme Luft ins Haar.

Dafür sorgt der Strom aus der Steckdose.

Aber der Strom entsteht nicht erst in der Steckdose. Wenn er dort herauskommt, hat er schon einen langen Weg hinter sich. Der Strom entsteht in einer Art von Fabrik, einer Stromerzeugungsanlage. Diese Fabrik nennt man auch **Kraftwerk.** Solche Kraftwerke arbeiten ganz unterschiedlich, zum Beispiel setzen sie entweder Kohle oder Wasser oder Wind ein, um Strom zu erzeugen. Dann nennt man sie auch Kohlekraftwerk, Wasserkraftwerk oder Windkraftwerk. Stell dir vor, du verbrennst Kohle oder Holz und erzeugst so ganz viel Hitze. Durch

diese Wärme wird Wasser in einem Dampfkessel zu **Wasserdampf** umgewandelt. Dieser Dampf treibt eine Turbine an. Die sieht ganz ähnlich aus wie die Flügel einer Windmühle.

Der Dampf setzt sie also in Bewegung. Und die Kraft der **Turbine** treibt wiederum einen **Generator** an. Das ist eine Maschine, in der die Drehbewegung der Turbine in elektrischen Strom umgewandelt wird. Man könnte auch sagen: Aus der einen Kraft wird eine andere gemacht. Eigentlich sind es sogar mehrere Kräfte. Da ist die Hitze des Feuers, die den Dampfdruck erzeugt. Der Dampfdruck dreht die Turbine und den Generator. Die Drehung der Turbine wird dann am Ende zu Strom. Dafür kann man auch andere Drehungen nutzen, etwa die eines Windrades, das die Energie in **elektrische**

130

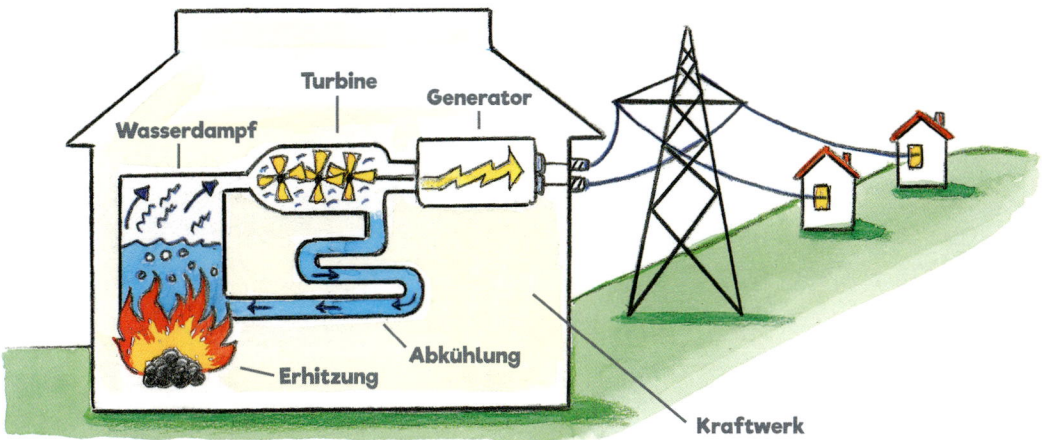

Turbine

Generator

Wasserdampf

Abkühlung

Erhitzung

Kraftwerk

Energie umwandelt und so Strom erzeugt.

Bei einem Kraftwerk sind die Generatoren allerdings sehr viel größer als ein Dynamo. Sie sind sogar größer als ein Auto. Um den Generator anzutreiben, braucht man sehr viel Kraft. Die kann zum Beispiel der Wind liefern, der die Flügel einer Windkraftanlage antreibt. Oder Kohle, die in einem Kohlekraftwerk verbrannt wird und Wasser zum Kochen bringt. Nur bei Sonnenkollektoren auf dem Hausdach gibt es keinen Generator. Sonnenkollektoren bestehen aus Siliziumkristallen.

Trifft Sonnenlicht auf diese besonderen Kristalle, so wandeln sie das Licht in elektrischen Strom um, der in das Kabelnetz eines Hauses fließt. Eine Turbine und Generator sind nicht notwendig.

Ist der Strom erst einmal erzeugt, wird er über dicke, unterirdische **Stromkabel** in unsere Häuser geleitet. Das Kabel landet in einem sogenannten **Verteilerkasten** in deinem Haus und wird von dort aus mit dünneren Kabeln zu den verschiedenen Steckdosen geschickt. Im Verteilerkasten befindet sich auch ein Stromzähler, der genau misst, wie viel Strom du verbrauchst. Zum Beispiel beim Föhnen oder Fernsehen.

Denn Strom gibt es nicht umsonst, sondern er kostet Geld. Da kommt ganz schön viel zusammen, bis der Strom aus der Steckdose fließen kann.

Wie funktioniert ein Smartphone?

Smartphone ist ein englisches Wort und bedeutet so viel wie „kluges Telefon". Kann es denken? Nein, das ist damit nicht gemeint. Aber es ist kein Handy, mit dem man nur telefonieren kann, sondern das Smartphone ist fast schon ein halber Computer.

Natürlich ist ein Smartphone einfach auch ein mobiles **Telefon,** und man kann ganz normal mit ihm telefonieren, wenn man mit einem Telefonnetz verbunden ist.

extra Masten für diese Antennen errichtet, damit auch dort die Funksignale von Smartphones empfangen und gesendet werden können.

Dazu ist in das Smartphone ein kleiner Sender eingebaut.

Stell dir das so ähnlich wie bei einem Funkgerät vor. Allerdings sind die **Funksignale** nur schwach und erreichen kein anderes Smartphone auf dem direkten Weg.

Wenn du also eine Nummer wählst, sendet dein Gerät keine Signale zum angewählten Handy, sondern zuerst zu einer besonderen **Antenne.** Diese Antennen stehen in der Stadt meistens auf einem hohen Gebäude, zum Beispiel einem alten Fernsehturm oder einem Schornstein. Auf dem Land wurden an verschiedenen Stellen

Diese Masten sind aus Stahl oder Beton und weithin sichtbar. Eines ist jedenfalls sicher: Fast immer befindet sich eine Antenne in deiner Nähe. Und für diese kurze Entfernung reicht die Sendeleistung deines Smartphones aus. Von der Antenne aus wird das Signal über ein Kabel oder per Funk zu einer anderen Antenne geleitet, die sich wiederum in der Nähe des Smartphones befindet, dessen Nummer du gewählt hast. Und von dort aus wird jetzt der Kontakt hergestellt. Es klingelt und schon ist die **Verbindung** da. Das geht so schnell, dass man den Umweg gar nicht bemerkt.

Welche Antenne am besten geeignet ist, das findet ein Computer blitzschnell heraus. Er erkennt die Nummer des Anrufers und die des Angerufenen und entscheidet dann, welche Antennen angefunkt werden. Die sollten sich nämlich jeweils in der Nähe befinden.

Im Gegensatz zu einem gewöhnlichen Handy kann man mit dem Smartphone auch im **Internet** surfen, denn es ist ein kleiner, tragbarer Computer. Das unterscheidet das Smartphone ganz wesentlich vom „normalen" Handy. Und das funktioniert eigentlich genauso wie das Telefonieren.

Wieder muss nur die kurze Entfernung zur nächstgelegenen Antenne von den Signalen überwunden werden. Die Antenne stellt dann den **Kontakt** zum Internet her. Jetzt kannst du alles tun, wie bei deinem Computer zu Hause. Statt einer SMS kannst du auch eine E-Mail schreiben. Das ist mit einem Smartphone möglich.

Die ersten Handys sind tatsächlich nur zum Telefonieren gebaut worden. Kann man sich heute gar nicht mehr vorstellen. Mit solch einfachen Handys kannst du auch heute nur telefonieren sowie SMS und Fotos versenden. Das ist alles.

Die Erfindung des Smartphones war deshalb schon so etwas wie eine kleine Sensation. Deshalb sind Smartphones so erfolgreich: weil man mit ihnen das Internet immer dabei hat.

Was ist eine App?

Mit einem Smartphone kannst du nicht nur telefonieren, SMS verschicken, Fotos aufnehmen oder im Internet surfen: Du kannst dir auch Filme ansehen, Spiele spielen oder Musik hören. Allerdings nur, wenn du die passende App installiert hast.

Jeder, der ein **Smartphone** oder einen **Tablet**-Computer benutzt, der verwendet auch Apps. Schon wieder so ein komisches Wort, von dem man nicht genau weiß, was es bedeutet. Englisch ist es, wie so vieles, und eine Abkürzung ist es auch.

phone machen und Aufgaben lösen zu können. Auf einem modernen Smartphone findest du heute eine ganze Menge verschiedener Apps. Die sind schon drauf, wenn das Smartphone gekauft wird – da musst du also gar nichts machen.

Man könnte sagen, es bedeutet so etwas wie: „Benutz mich!"

Eine App ist eine Art **Programm,** wie du es von einem Computer her kennst. Wenn du das Programm wechselt, kannst du andere Aufgaben erledigen. Mit einem Textprogramm schreibst du zum Beispiel Briefe, mit einem Malprogramm kannst du Bilder malen. Für jede Aufgabe brauchst du ein bestimmtes Programm.

Ein Taschenrechner, verschiedene Spiele oder eine App, die Musik speichern und abspielen kann, sind eigentlich immer dabei.

Doch wo findet man eigentlich diese Apps und wie benutzt man sie?

Die Apps sind notwendig, um verschiedene Sachen auf dem Smart-

Sobald man ein Smartphone einschaltet, erscheinen auf dem **Bildschirm** die bunten kleinen **Bildsymbole** der Apps, man nennt sie **Icons** oder **Buttons.** Icon ist das englische Wort für „Bild" oder „Sinnbild", Button

bedeutet „Druckknopf" oder „Taste". Berührt man eines dieser Bilder mit dem Finger, schaltet man die entsprechende App ein. Sie ist jetzt einsatzbereit, das heißt, du kannst loslegen. Die App öffnet dir das Programm, in dem du zum Beispiel ein Spiel spielen oder die Kamera einschalten und Fotos knipsen kannst.

Neben den Apps, die bereits auf deinem Smartphone drauf sind, gibt es inzwischen mehrere Millionen Apps, die man sich kostenlos aus dem **Internet** herunterladen oder die man kaufen kann. Dafür gibt es sogar richtige Geschäfte im Internet. Hier bekommst du Apps für die unterschiedlichsten Dinge. Es gibt Apps zum Ansehen von Videos und Apps zur Bearbeitung von Fotos und Filmen. Manche Apps zeigen dir den Wetterbericht

für übermorgen, andere warnen vor einem Stau auf der Autobahn. Appetit auf Pizza? Eine App sagt dir, wo du sie bestellen kannst und was sie kostet.

Du siehst: Es gibt (fast) nichts, was es nicht gibt. Selbstverständlich gibt es auch eine **Maus-App,** die du dir kostenlos herunterladen kannst. So hast du die Maus immer dabei.

Was ist ein Touchscreen?

Smartphones und Tablets haben besondere Bildschirme oder Monitore, auch Displays genannt. Eine Berührung mit einem Finger reicht aus, um sie zu bedienen. Aber woher weiß das Display, was man meint?

Touchscreen? Das hast du sicher schon einmal gesehen. So ein Display oder Monitor haben nicht nur Tablets und Smartphones. Denen begegnest du auch an anderen Orten. Bei Fahrkartenautomaten oder in Museen. Auch in Kaufhäusern oder bei Behörden werden Touchscreens eingesetzt. Man tippt einfach auf eine Frage, die auf dem Monitor erscheint, und schon erhält man die passende Antwort.

Das geht in Sekundenschnelle.

Ein Touchscreen ist alles in einem und ersetzt eine Tastatur und eine Maus. Sobald man mit dem Finger darauf tippt, reagiert das Display und es öffnet sich ein Fenster.

Solch ein Touchscreen spart eine Menge Platz und macht die Bedienung sehr einfach. Mühelos kann man mit den Fingern in Texten oder Fotoalben blättern und sogar Fotos vergrößern, indem man sie mit den Fingern auseinanderzieht. **Wischen,** sagt man dazu. Damit das funktioniert, hat ein Touchscreen über der Scheibe aus Glas oder Plastik noch eine zweite Schicht. Die besteht aus einer hauchdünnen Kunststofffolie. Und zwischen **Glas** und **Folie** liegt noch eine weitere trennende Schicht, die ebenfalls **hauchdünn** ist. Mit bloßem Auge kann man keine dieser Schichten sehen.

Ein Touchscreen sieht zwar aus wie ein ganz normales **Display.** Das ist es aber nicht. Berührt man nämlich einen Touchscreen mit dem Finger, ist der Druck groß genug, damit sich die äußere Schicht und das Glas trotz der trennenden Schicht berühren. Es wird also ein **Kontakt** hergestellt. Und da in beiden Schichten ein ganz schwacher Strom fließt, den du nicht spürst, ist es fast so, als würdest du

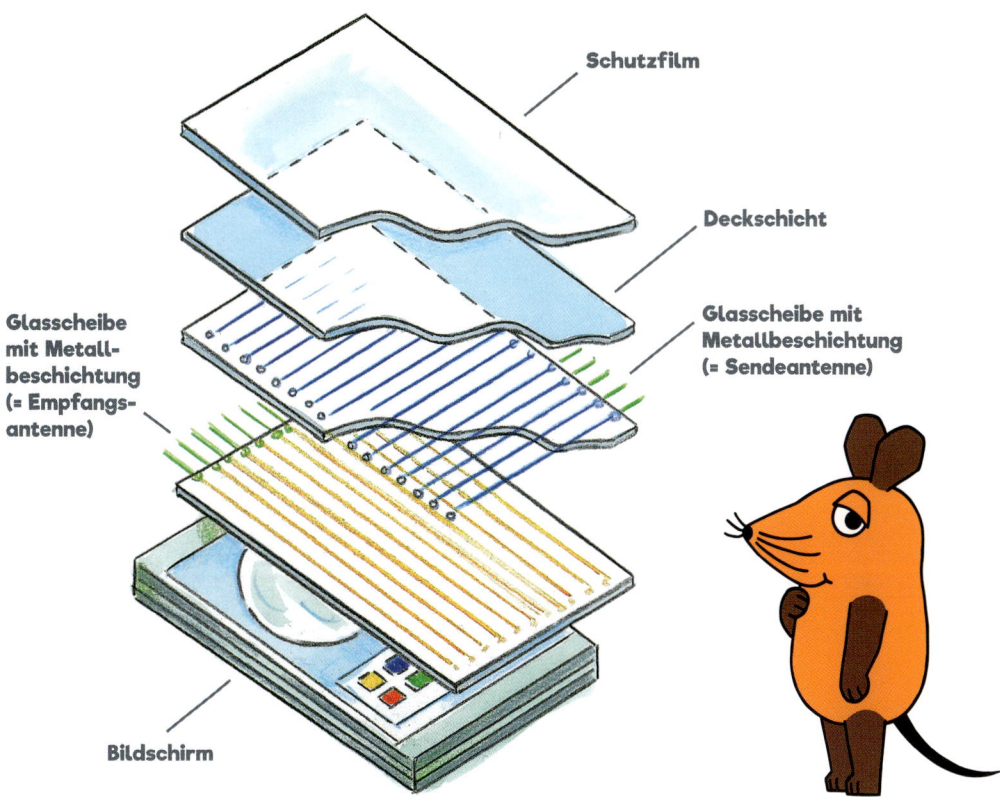

Schutzfilm

Deckschicht

Glasscheibe mit Metallbeschichtung (= Sendeantenne)

Glasscheibe mit Metallbeschichtung (= Empfangsantenne)

Bildschirm

einen Schalter drücken. Mithilfe eines winzigen Messgerätes kann beispielsweise das Smartphone, das einen Touchscreen hat, feststellen, an welcher Stelle der Finger das Display berührt hat. Das alles geht so schnell, dass wir es gar nicht merken. Sogar ein Mausklick ist möglich, und das auch noch ohne Maus. Es reicht aus, mit einer Fingerspitze ganz kurz auf ein Zeichen oder **Symbol** zu tippen.

Ein Touchscreen ist also wirklich sehr praktisch und der Umgang ist schnell zu erlernen. Du probierst es einfach aus.

Schon gewusst?

Früher gab es gerade bei Fahrkartenschaltern am Bahnhof oder in Museen auch noch Menschen, die die Fragen ihrer Kunden selbst beantwortet haben. Heute machen das oftmals Computer, die man auf so etwas programmiert hat.

Was ist GPS?

Du hast dich das sicher auch schon manchmal gefragt: Wo bin ich gerade? Aber diese Frage ist schon sehr alt. Vor allem Seefahrer und Reisende haben sie schon Millionen Mal gestellt. Mit GPS ist die Antwort heute sehr einfach.

GPS ist die Abkürzung für **„Globales Positionsbestimmungssystem".** Global bedeutet nichts anderes als weltweit.

!

GPS funktioniert also überall auf der Welt.

Aber was funktioniert? Die Positionsbestimmung. Also die genaue Feststellung, wo ich mich gerade auf der Erde befinde.

Möglich gemacht wird dies durch ungefähr 30 **Satelliten.** Das sind kleine, unbemannte **Raumschiffe** mit vielen technischen Geräten an Bord. Sie bewegen sich in 36 Kilometern Höhe über der Erde und befinden sich immer an genau derselben Stelle. Die Satelliten umkreisen die Erde zwar sehr schnell, diese dreht sich jedoch unter ihnen um die eigene Achse. Die Geschwindigkeit der Satelliten ist so eingestellt, dass sie zur Drehung der Erde passt. So scheint es, als würden die Satelliten an einem Ort fest am Himmel stehen.

Von dort aus senden sie **Signale** über ihren **Standort,** verbunden mit der aktuellen Zeit. Diese Signale können von verschiedenen Geräten empfangen werden, zum Beispiel Navigationsgeräte, Smartphones, Kameras oder besondere GPS-Empfänger. Aus den empfangenen Signalen berechnen diese Geräte ihren genauen Standort, man nennt das auch ihre **„Position".** Die kann man dann auf einem Display ablesen oder sich auf einer Karte zeigen lassen. Nur dank der Signale der GPS-Satelliten kann ein **Navigationsgerät** uns den Weg zu einem bestimmten Ziel zeigen.

Und Kapitäne wissen immer genau, wo sich ihr Schiff befindet und ob sie schon bald in den Hafen einlaufen. Sehr praktisch, denn das Navigieren war früher eine schwierige Sache.

Warum zeigt die Kompassnadel immer nach Norden?

Trotz GPS können Seefahrer nicht auf einen Kompass verzichten. Geht das GPS-Gerät kaputt, verlassen sie sich auf die Kompassnadel.

Schon vor 1000 Jahren haben die Chinesen entdeckt, dass ein kleines Stück Eisen, das auf einem Stück Holz im Wasser schwimmt, sich immer nach Süden hin ausrichtet. Es muss allerdings ein besonderes **Eisen** sein, nämlich **Eisenmagnetit.**

Das ist magnetisch.

Es besitzt also eine unsichtbare Kraft, Eisen anzuziehen.

Auch die Erde ist magnetisch, da der **Erdkern** im Erdinneren aus Eisen ist. Teile des Erdinneren sind flüssig und bewegen sich. Dabei erzeugen sie ein **Magnetfeld** wie ein Dynamo am Fahrrad. Dieses Magnetfeld hat die Form von vielen Bögen, die von einem Pol zum anderen führen. Pole sind besondere Punkte, an denen die magnetischen Kräfte besonders stark

sind. Das Magnetfeld der Erde ist so stark, dass es sogar im Weltall noch spürbar ist. Die beiden Pole dieses Magnetfeldes bilden der Nordpol und der Südpol der Erde. Jeder Magnet auf der Erde versucht, sich an diesem Magnetfeld auszurichten, also in **Nord-Süd-Richtung.**

Dafür sorgen die unsichtbaren Kräfte. Genau das macht auch die magnetische Kompassnadel. Da sie in der Mitte auf einer Spitze schwebt, zeigt eine Seite nach Norden, also zum Nordpol, die andere Seite nach Süden, also zum Südpol.

So wissen Seefahrer und Wanderer immer genau, wo die Himmelsrichtungen sind, und können ihren Weg und ihre Route festlegen.

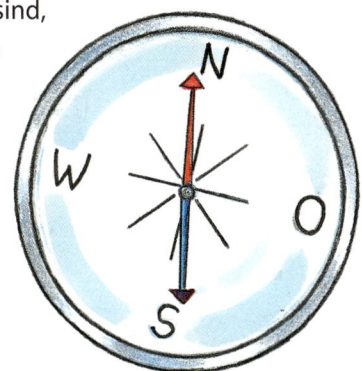

Warum können Flugzeuge fliegen?

Ein großes, modernes Passagierflugzeug wiegt ungefähr 300 Tonnen. Das ist so viel wie 300 Autos. Und trotzdem fällt es nicht vom Himmel. Das kann man sich eigentlich gar nicht vorstellen! Und doch siehst du solche Flugzeuge jeden Tag in der Luft.

Alles, was leichter ist als **Luft,** steigt nach oben. Zum Beispiel der Rauch von Feuer. Oder ein ganz leichtes **Gas** wie Helium. Damit werden Luftschiffe gefüllt, um sie so leicht zu machen, dass sie in der Luft schweben. Heißluftballons füllt man, wie der Name schon sagt, mit heißer Luft, die von einer Gasflamme erzeugt wird. Heiße Luft dehnt sich aus und braucht mehr Raum als kalte Luft. Dadurch wird auch der Ballon leichter und wird von ihr in die Höhe gehoben.

heißen die Flügel: **Tragflächen.** Und diese Flügel oder Tragflächen haben eine ganz besondere Form. An der Unterseite sind sie **flach** und an der Oberseite sind sie nach außen **gewölbt.** Das ist das ganze Geheimnis des Fliegens. Was jetzt noch zu einem erfolgreichen Abheben fehlt, ist **Geschwindigkeit.** Das Flugzeug geht an den Start und beschleunigt. Dabei durchschneiden die Tragflächen die Luft.

Das ist die eine Möglichkeit, wie man fliegen kann.

Sie heißt: Du musst leichter als Luft sein.

Die andere Möglichkeit lautet: Man ist schwerer als Luft. Denn Vögel und Fledermäuse, aber auch Flugzeuge sind schwerer als Luft. Und trotzdem können sie fliegen. Sie haben keine heiße Luft und keine leichten Gase an Bord. Doch dafür haben sie Flügel. Beim Flugzeug

Die Luft teilt sich vor der Tragfläche und schließt sich hinter ihr wieder. Das kannst du dir sicher gut vorstellen.

Jetzt kommen wir noch einmal auf die Form der Tragflächen zurück, denn die spielt

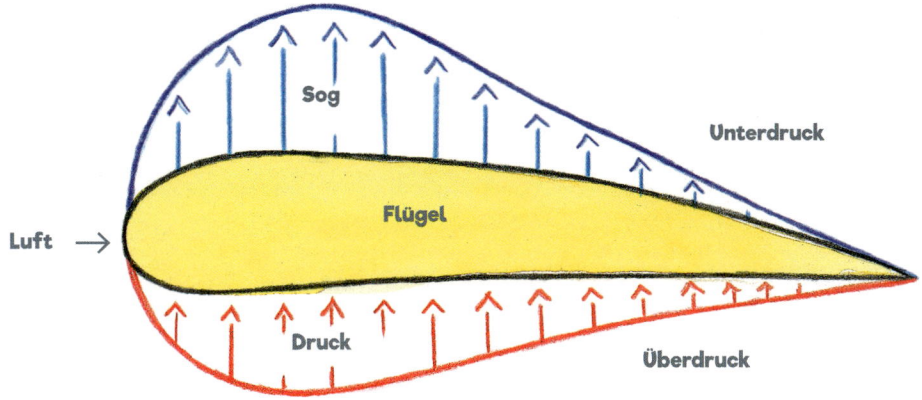

für den Weg der Luft über die Tragfläche hinweg und unter der Tragfläche hindurch eine große Rolle. Der Weg unter der Tragfläche hindurch ist gerade und einfach.

Aber der Weg über die Tragflächen, der ist viel weiter, weil die Tragflächen ja nach außen gewölbt sind. So wird die Luft über den Tragflächen auseinandergezogen und dabei dünner. Man könnte auch sagen, über den Tragflächen ist weniger Luft als unter den Tragflächen.

Weniger Luft aber bedeutet, dass für einen Moment der **Luftdruck** sinkt. Der Luftdruck wird durch das Gewicht der Erdatmosphäre erzeugt, denn auch Luft ist schwer. Steht das Flugzeug auf dem Boden, ist dieser Luftdruck über und unter der Tragfläche genau gleich. Das ändert sich aber, wenn sich

das Flugzeug bewegt. Dann entsteht über der Tragfläche ein Unterdruck. So wie wir ihn mit dem Mund erzeugen, um mit einem Strohhalm zu trinken. Der **Unterdruck** im Mund zieht die Flüssigkeit aus Glas oder Flasche nach oben. Bei der Tragfläche ist es keine Flüssigkeit, sondern die Tragfläche selbst mitsamt des Flugzeugs. Der Unterdruck über den Tragflächen hebt das Flugzeug in die Luft. Allerdings nur, wenn er ununterbrochen bestehen bleibt. Das geht nur, wenn sich das Flugzeug schnell durch die Luft bewegt. Würde es langsamer werden oder gar in der Luft stehen bleiben, dann stürzt es sofort ab. So wie die Flüssigkeit ins Glas oder in die Flasche zurückfließt, wenn wir den Strohhalm aus dem Mund nehmen.

Schon eine absolut wahnsinnige Sache, das mit der Fliegerei!

Wie funktioniert eine Wunderkerze?

Hast du schon einmal eine brennende Wunderkerze beobachtet? An Silvester oder auf einem Geburtstagskuchen? Eine Wunderkerze hat mit einer normalen Kerze nicht viel zu tun. Sie hat keine Flamme, sondern sprüht Funken. Dafür brennt sie nur kurz.

Zwischen Weihnachten und Silvester kann man sie überall kaufen: Wunderkerzen. Wenn du sie anzündest, verbreiten sie ein ganz besonderes Licht.

aus der Luft auch nicht. Dieser Sauerstoff wird durch die Hitze mit dem Wachs der Kerze zu einem neuen Stoff, der als unsichtbarer Rauch aufsteigt.

Es ist sehr hell und versprüht tolle Funken.

Die kann man sogar zischen hören. Schauen wir uns doch zunächst einmal eine „normale" Kerze an. Wie brennt die denn? Eine gewöhnliche Kerze brennt lautlos und hat eine ganz normale Flamme. Diese Flamme brennt auch nur dort, wo der **Docht** aus der Kerze ragt. Ein Docht ist weiter nichts als ein Baumwollfaden. In ihm steigt das von der Flamme geschmolzene **Kerzenwachs** auf und verbrennt an der Luft mit winzigen Teilen des Dochts. Ohne Docht kann die Kerze nicht brennen. Ohne den **Sauerstoff**

Schauen wir uns jetzt im Vergleich die Wunderkerze an: Eine Wunderkerze hat keinen Docht. Der **Metallstab** in der Mitte ist nur dazu da, dass die graue **„Brenn"-Masse** der Wunderkerze dort angebracht werden kann. Zugleich dient er als Griff oder Stab, um die Wunderkerzen festzuhalten oder in den Boden zu stecken. Der Metallstab selbst brennt nicht und bleibt später übrig.

Aber die graue Masse, die brennt dafür umso besser. Sie besteht nicht aus Wachs wie die Kerze, sondern aus ganz feinem **Eisenstaub** und **Aluminiumstaub.** Zusammengehalten wird der Staub von einer Art Klebstoff. Auch

Brenn-Masse
der Wunderkerze

noch enthalten ist ein Stoff, der Sauerstoff abgibt, sobald er heiß wird, mit dem schwierigen Namen **„Bariumnitrat".** Wird dieses Bariumnitrat heiß, verwandelt es sich in einen anderen Stoff und gibt dabei Sauerstoff ab. Und dieser Sauerstoff wiederum verbindet sich mit dem Metallstaub.

Wenn du jetzt denkst, dass Eisen nicht brennt, dann täuschst du dich. Wenn es zu einem feinen Pulver gemahlen und mit genügend Sauerstoff versorgt wird, brennt es eben doch. Die vielen Funken, die sprühen, beweisen es. Es gibt sogar kleine **Explosionen,** die die brennenden Körnchen von der Wunderkerze sprengen. Dazu muss die Hitze größer sein als bei einer normalen Kerze. Weil die Wunderkerze keinen

Sauerstoff aus der Luft benötigt (du erinnerst dich: Sie macht sich ihren Sauerstoff selbst), kann sie auch im luftleeren Weltraum brennen und sogar unter Wasser. Allerdings schafft das eine Kerze alleine nicht, denn sie wird nicht heiß genug. Aber viele Kerzen zusammen lassen die Funken auch unter Wasser sprühen. Das sollten jedoch nur Erwachsene ausprobieren. Dann ist es eine tolle Sache!

Schon gewusst?

Ganz im Gegensatz zu einer normalen Kerze kann man eine Wunderkerze nicht auspusten. Das schafft nicht einmal ein schwerer Sturm.

Wie kommen die Kondensstreifen an den Himmel?

Stell dir vor, das Wetter ist schön und der Himmel blau. Aber es sind nicht nur ein paar weiße Wolken unterwegs, sondern plötzlich wandern weiße Streifen über den Himmel. Wo kommen die bloß her?

Wer diese Streifen an den Himmel malt, ist nicht schwer zu erraten. Es sind **Flugzeuge,** die in großer Höhe fliegen.

Bei gutem Wetter bleiben die Streifen lange Zeit am Himmel sichtbar.

Manchmal kreuzen sie sich mit den Streifen anderer Flugzeuge. Sind das die Abgase der Flugzeugdüsen?

Das allein kann es nicht sein, denn sonst würden die Streifen ja schon bei der Startphase zu sehen sein. Sie zeigen sich aber erst in sehr großen **Flughöhen.** Das Flugzeug fliegt dann zwischen 8000 und 10 000 Meter hoch. Dort ist es ziemlich kalt. Ungefähr minus 30 oder sogar minus 40 Grad Celsius. Solche Temperaturen findest du hier auf der Erde zum Beispiel am Nordpol oder am Südpol.

Aber nun zurück zu unserem Flugzeug: Der heiße Strahl aus den **Flugzeugdüsen** trifft auf **eiskalte Luft.**

Dieser Düsenstrahl, also die Abgase der Düsenmotoren, besteht aus winzigen **Rußteilchen,** aus **Wasserdampf** und **Kohlendioxid.** Das bleibt nämlich übrig beim Verbrennen von **Flugbenzin**, auch Treibstoff genannt. Wasserdampf ist gasförmiges Wasser, das unsichtbar in der Luft schwebt. Kohlendioxid ist ebenfalls ein **Gas,** das sich bildet, wenn Kohlenstoff verbrannt wird. Und diese Stoffe stecken im Flugbenzin.

Und was passiert, wenn Wasserdampf auf etwas Kaltes trifft?

Zum Beispiel im Badezimmer auf einen Spiegel? Genau, er verwandelt sich in Wasser. Aus dem Dampf wird eine **Flüssigkeit.**

Das passiert auch mit dem Wasserdampf, der aus den Düsen kommt. Hoch oben in der Luft gibt es zwar keine Spiegel, dafür aber die winzigen Rußteilchen aus den Abgasen der Düsenmotoren. Sie kühlen bei den eisigen Temperaturen schnell ab und bewirken, dass der Wasserdampf sich in Wasser umwandelt. Das nennt man Kondensation. Und daher kommt auch der Name: Kondensstreifen.

Kaum ist der Wasserdampf kondensiert, bildet er winzige Tröpfchen, die meist ganz schnell gefrieren. Wir hatten ja schon gesagt, dass es dort oben eiskalt ist. Das Ganze passiert nur wenige Meter hinter den Düsentriebwerken, also den Antriebsmotoren von Düsenflugzeugen. Sie saugen Luft in sich hinein, vermischen sie mit Treibstoff, der dann entzündet wird. Der Rückstoff der Gase, die beim Verbrennen entstehen,

sorgt für den Vortrieb. Millionen dieser winzigen **Eiskristalle** schweben dann dort in der Luft. Sie werden vom **Sonnenlicht** beschienen, das von ihren Oberflächen als weißes Licht zurückgeworfen wird. Deshalb können wir die Eiskristalle sehen. Als weiße Streifen am Himmel, und auch nur dort, wo die Abgase von den Flugzeugdüsen hingeblasen wurden.

Nach und nach löst dann der Wind die Streifen auf, denn sie sind eigentlich weiter nichts als künstliche Wolken. Wenn die Luft sehr trocken ist, verdunsten die Eiskristalle nach einiger Zeit wieder und die Kondensstreifen verschwinden.

Schon gewusst?

Kondensstreifen können sich viele Tage lang am Himmel halten und sich zu richtigen Wolken entwickeln. Sie beeinflussen also unser Klima und unser Wetter.

Wieso schweben Raumfahrer im Weltall?

Du kannst dir noch so viel Mühe geben: So hoch oder so weit du auch springst – nach einigen Augenblicken in der Luft landest du wieder auf dem Boden. Das geht superschnell. Kein Vergleich mit einem Raumfahrer in einer Raumstation. Da läuft das ganz anders.

Kennst du Bilder von Astronauten, die sich an Bord der **ISS** befinden, der Internationalen Raumstation? Sogar die Maus war schon dort oben, zusammen mit **Alexander Gerst,** dem deutschen Astronauten, der im Jahr 2014 fast ein halbes Jahr in der ISS geforscht und gearbeitet hat.

Viele nennen ihn auch „Astro-Alex".

Die Maus kennt sich also aus. Sie hat gelernt, dass in der Raumstation die **Schwerkraft** der Erde weiter besteht. Sie ist dort oben fast so stark wie hier unten. Man müsste viel weiter von der Erde entfernt sein, um ihre Wirkung nicht mehr zu spüren.

Die Station und die Astronauten werden also, auch wenn sie sich in der **Umlaufbahn** oben im Weltall befinden, von der Erde angezogen. Die Umlaufbahn, auch Orbit genannt, ist eine kreisförmige Bahn um

die Erde. Die Umlaufbahn der Internationalen Raumstation befindet sich rund 400 Kilometer über der Erde. Trotz dieser großen Höhe werden die Astronauten einerseits von der Erde angezogen, andererseits schweben sie durch die Station. Das bleibt auch so, wenn sie die Station in einem Raumanzug verlassen. Weder spüren sie ihr eigenes Gewicht noch das des Raumanzugs. Und der ist wirklich ganz schön schwer. Alexander Gerst hat das selbst gesagt. Das klingt zwar jetzt geheimnisvoll, ist es aber nicht.

Eigentlich ist es sogar ganz einfach. Wenn du schon einmal im Schwimmbad von einem Sprungbrett gesprungen bist, kannst du selbst auf die Lösung des Rätsels kommen. Denn für die kurze Zeit, in der du dich in der Luft befindest, spürst du keine Schwere. Du bist **schwerelos.**

Astronauten üben das Schweben sogar auf diese Weise. Statt des Sprungbretts im Schwimmbad benutzen sie allerdings ein Flugzeug. Das bringt sie erst in große Höhe, dann tut der Pilot so, als würde er abstürzen, und saust mit dem **Flugzeug** im **Sturzflug** Richtung Erde. Natürlich fängt der Pilot die Maschine rechtzeitig wieder ab und landet sicher. Aber während des Sturzflugs schweben die Astronauten an Bord wie du während des Sprungs vom Sprungbrett. Nur eben viel länger.

Auch die Raumstation befindet sich in einer Art Sturzflug.

Die ISS stürzt nämlich nicht auf die Erde zu, sondern um die Erde herum. Dabei ist sie aber viel zu schnell, um tatsächlich abzustürzen. Denn durch ihre schnelle Bahn um die Erde herum wird sie nach außen gedrückt wie jemand, der in einem Kettenkarussell sitzt.

Die Raumstation wird gleichzeitig von der Erde angezogen und von ihr weggeschleudert. Dadurch wird ihr Sturz unendlich lang und die Astronauten bewegen sich immer schwerelos.

Es muss ein großartiges Gefühl sein, wenn man sich so ganz leicht und losgelöst von allem bewegen kann. Das braucht aber auch jahrelange Übung.

Register

Die große Sachbuchreihe mit der Maus!

Frag doch mal ... die Maus!
Ritter und Burgen
ISBN 978-3-570-13145-9

Frag doch mal ... die Maus!
Unser Wald
ISBN 978-3-570-13146-6

Frag doch mal ... die Maus!
Dinosaurier
ISBN 978-3-570-13149-7

Frag doch mal ... die Maus!
Flugzeuge
ISBN 978-3-570-13150-3

Frag doch mal ... die Maus!
Meere und Ozeane
ISBN 978-3-570-13151-0

Frag doch mal ... die Maus!
Mein Körper
ISBN 978-3-570-13152-7

Frag doch mal ... die Maus!
Pferde
ISBN 978-3-570-13153-4

Frag doch mal ... die Maus!
Fußball
ISBN 978-3-570-13404-7

Frag doch mal ... die Maus!
Wale und Delfine
ISBN 978-3-570-13156-5

Frag doch mal ... die Maus!
Wetter und Klima
ISBN 978-3-570-13401-6

Frag doch mal ... die Maus!
Weltreligionen
ISBN 978-3-570-13622-5

Frag doch mal ... die Maus!
Vulkane und Erdbeben
ISBN 978-3-570-13844-1

Frag doch mal ... die Maus!
Unser Garten
ISBN 978-3-570-13842-7

Frag doch mal ... die Maus!
Schiffe
ISBN 978-3-570-15326-0

www.cbj-verlag.de